青少年抑郁易感人格研究

徐华春　著

科学出版社
北　京

内 容 简 介

抑郁症给患者及家人乃至整个社会都带来巨大危害，而青少年阶段正是预防抑郁的关键时期。本书从抑郁易感性的内涵与外延入手，系统介绍了抑郁易感性的形成及抑郁预防的重点与措施，并基于实证研究阐述了抑郁易感人格的特征、结构与影响，提出了科学实用的测量工具，探索了抑郁易感人格的形成因素，回答了什么样的人才容易从压力中挣脱出来，什么样的人又容易跌入抑郁的谷底不能自拔等问题。

本书适合抑郁症患者及其家人和教师、各级各类心理干预工作者、心理健康教育者、精神科医生、人格与社会心理学研究者、精神病学研究者及其他心理学爱好者阅读参考。

图书在版编目(CIP)数据

青少年抑郁易感人格研究 / 徐华春著. —北京:科学出版社, 2020.10

ISBN 978-7-03-065675-9

Ⅰ.①青… Ⅱ.①徐… Ⅲ.①青少年-抑郁-研究 Ⅳ.①B842.6

中国版本图书馆 CIP 数据核字 (2020) 第 128132 号

责任编辑：莫永国 / 责任校对：彭　映

责任印制：罗　科 / 封面设计：义和文创

科 学 出 版 社 出版

北京东黄城根北街16 号

邮政编码：100717

http://www.sciencep.com

四川煤田地质制图印刷厂印刷

科学出版社发行　各地新华书店经销

*

2020 年 10 月第　一　版　　开本：787×1092 1/16

2020 年 10 月第一次印刷　　印张：8 1/4

字数：250 000

定价：99.00 元

(如有印装质量问题,我社负责调换)

前　言

幸福和快乐，是人类所永恒追求和向往的，而悲伤和低落的情绪有时却又不可避免，更有一些人长期为之所困扰。当代社会，人们的物质条件得到了极大的改善，但感受到的精神压力却越来越大；机会和选择变得越来越多，体验到的挫败感却越来越深；通信工具越来越先进，人与人心底间的距离却越来越远；一些人越是追求幸福，却越是走进忧伤的漩涡……抑郁症（major depressive disorder，MDD）以持续的情绪低落、绝望感、无助感和自责为主要特点，伴随思维迟缓、运动抑制等症状，是导致自杀行为的主要原因，给患者及家人乃至整个社会都带来巨大危害。目前，我国心理疾病患病人数正逐年增多，抑郁症的患病率已达到2.1%。而青少年阶段正是预防抑郁的关键时期。

中国政府长期重视民众心理健康问题。中共十六届六中全会审议通过的《中共中央关于构建社会主义和谐社会若干重大问题的决定》已明确将心理和谐的目标单独列出，体现了党和政府对心理健康的关注。党的十八大以来，习近平总书记高度重视心理健康工作。他在2016年8月召开的全国卫生与健康大会上指出："要加大心理健康问题基础性研究，做好心理健康知识和心理疾病科普工作，规范发展心理治疗、心理咨询等心理健康服务"。在党的十九大报告中，习近平总书记明确提出"加强社会心理服务体系建设，培育自尊自信、理性平和、积极向上的社会心态"。2019年7月，国务院发布《国务院关于实施健康中国行动的意见》，提出实施心理健康促进行动等15个重大专项行动。

新的发展阶段，我们要大力加强心理服务，不断提升国民心理健康素养，助力实现"两个一百年"奋斗目标和中华民族伟大复兴的中国梦。这是所有心理学工作者应当共同承担的社会责任。国内权威人格心理学家王登峰和黄希庭（2007）也曾联合撰文提出，心理学要服务社会，首先是"对心理健康和主观幸福感进行研究"，"心理学研究应该揭示心理健康和幸福的内涵、影响因素、促进健康和幸福的方法与途径等"。

具体到抑郁症，日常经验也告诉我们：对于多数人来说，即使承受压力和痛苦，他们也并不会长期处于抑郁状态或者成为临床意义上的抑郁症患者。那么，什么样的人才容易从压力中挣脱出来，什么样的人又容易跌入抑郁的谷底不能自拔呢？这正是当前社会和广大民众迫切需要心理学研究者、特别是人格心理学研究者帮助解答的问题。本书的相关实证研究和论述即围绕此问题展开。

目　录

第1章 绪　论

1.1 抑郁易感性[①]

1.1.1 抑郁易感性的概念

医学界对素质(Diathesis)概念的重视由来已久。古希腊的体液说认为，人体内有4种体液，不同的人体内占优势的体液不同，而占优势的体液便决定了个体的气质类型及其容易罹患的疾病类型。到了19世纪，素质已成为一个精神病学名词，用以指代和强调精神疾病的遗传和生理基础。20世纪60～70年代，精神病学家针对精神分裂症的病理提出了素质-压力模型，同时首次强调个体内在特质和外界压力的共同作用对精神疾病的影响。随后，该理论被广泛用于解释各种精神疾病的成因，素质的概念则逐渐被易感性(Vulnerability)的概念所代替，其内涵从原来的遗传和生物学因素扩展到包含认知方式、人格、应对方式等相对稳定的社会心理因素，而在心理学领域则仅强调其心理因素。

具体到抑郁症而言，易感性-压力模型认为，每个人都在不同程度上具有罹患抑郁症的内在易感性，患病可能性则取决于易感性和个体遭遇的应激之间的交互作用(Scher et al.，2005；邹涛和姚树桥，2006)。一般观点认为，易感性、应激和抑郁之间是线性关系，即个体内在的抑郁易感性越强，则能够造成其抑郁所需的外界压力就越小；反之，个体的抑郁易感性越弱，则能够造成其抑郁所需的外界压力就越大。而在未达到由抑郁易感性所决定的压力阈值之前，尽管抑郁易感性稳定存在，但个体将处于正常或健康状态。已有的研究证实了持续的抑郁情绪对于最终抑郁症的发病具有重要影响。出于研究的需要，目前心理学界对于抑郁易感性的考察指标不仅限于抑郁症的发病，也包括抑郁情绪的增长。在这里，前一个指标是一个有或无的类型变量，而后者则是一个连续变量。具体到抑郁易感性的内涵，不同学派的研究者有不同的看法。总的说来，抑郁易感性可以被认为是那些与外界压力相互作用，使得个体更易于罹患抑郁症或者抑郁情绪持续增长的个体内部的、相对稳定的心理特征。

除此之外，另有一个常常与易感性相混淆的概念——风险因素(Risk)。事实上，它所描述的只是那些基于一般经验而得出的与高患病率相关的因素。就抑郁症而言，目前确认的风险因素包括本人抑郁症病史、家族抑郁症病史及性别因素等。这些因素被认为与较高的患病率相关，但并不能说明疾病发生和维持的过程，而易感性则通常被定义为那些能够揭示和反映病理机制的因素(Scher et al.，2005)。因此，尽管风险因素的实证性考察与确

① 该节部分内容已载于：心理科学进展，2009，17(2)：370-376。

定对于易感性的概念探讨有重要的启示作用，但二者之间是不能等同的。

1.1.2 抑郁的认知易感性

许多抑郁研究者都强调认知过程在抑郁病理、维持及治疗中的作用，其中尤以 Beck 的观点影响最大。Beck（1991）强调抑郁个体源自童年经历的对自我和世界的固有的消极观念，表现为消极的自我图式和对事物进行消极的、歪曲的认知。延续这样的认知观点，研究者进一步提出认知易感性（cognitive vulnerability to depression）的概念，认为正是这种消极认知方式与应激生活事件的交互作用产生了抑郁。目前为止，抑郁的认知易感性研究已经较为成熟，其观点和研究方向主要有以下 3 个方面。

1. 外显的认知易感观点

以 Abramson 等（1989，2002）为代表的研究者，只关注外显的认知方式，认为人们对于各种生活事件稳定的消极解释方式（如归因方式）决定了抑郁的易感性。他们使用如功能失调性态度量表（dysfunctional attitude scale，DAS）和认知方式问卷（cognitive style questionnaire，CSQ）等自陈问卷来测量认知易感性，然后考察这种认知差异对未来抑郁水平变化和抑郁症发病情况的预测效果。该理论的缺陷在于，它无法解释这样一个事实：抑郁症的康复者在外显认知易感性测验上表现与常人无异，但他们在未来再次发生抑郁症的概率却显著高于常人。

2. 潜在的认知易感性观点

以 Ingram 等为代表的研究者则强调潜在的、内隐的认知方式。他们认为，认知易感性是由各种潜在的、意识之外的，但可以被应激所启动激活的消极认知图式，特别是由潜在自我图式所组成（Scher et al.，2005；邹涛和姚树桥，2006）。这些消极图式与早期童年经历相联系，是意识之外的，因此在一般情况下的自陈报告中难以显现。他们还认为，自我报告容易受到外显意识加工的影响，使得个体在回答问卷时改变其自动的、消极图式驱动下的反应。因此，这些研究者主张在各种形式的启动条件（消极情绪启动、自我专注启动、失败启动等）下研究抑郁的认知易感性，并得出了大量令人信服的成果。这些研究通常用于横向研究，即在抑郁症患者、抑郁康复者及正常人之间进行比较，已经探讨的潜在消极认知偏向包括记忆偏向（Timbremont and Braet，2004）、解释偏向（Wenzlaff and Bates，1998）、注意偏向（Ingram and Ritter，2000）等。

3. 双重信息加工模式下的认知易感性

Beevers（2005）、Haeffel 等（2007）试图整合以上两种观点，认为个体存在两种信息加工模式，这两种模式共同影响着个体抑郁的可能性。其中，联结（Associative）型信息加工模式代表一种无意识的、情绪性的、自动的、无需认知资源的信息加工模式，其基础为稳定的内隐自我图式，当这种自我图式为消极时，则联结型信息加工的结果就永远表现为消极，极难改变。反思型（Reflective）信息加工模式则是一种有意识的、理性的、主动的、需要消耗认知资源的信息加工模式，它对联结型信息加工的结果进行检查和修正，并决定最终的认知结果，但它只在某些特定条件下才会启动。因此，两种类型的信息加工模式相对独立，可以分别测量，它们共同决定了个体抑郁易感性的强弱。但这种理论尚处于探索阶段。

1.1.3 抑郁的人格易感性

与认知心理学家的研究不同，另有心理学家从人格的角度来探讨抑郁易感性的问题。相应地，他们所关注的那些与外界压力交互作用，使得个体更易于罹患抑郁症或者抑郁情绪持续增长的、个体稳定的人格特征就被称为抑郁的人格易感性(personality vulnerability to depression)。目前，西方人格心理学界在抑郁的人格易感性方面达成了一定程度的共识，他们的研究主要围绕依赖(Dependency)-自我批评(Self-criticism)、社会性依赖(Sociotropy)-自主(Autonomy)等概念展开(徐华春等，2009；杨波和黄希庭，1997)。而这两组概念主要来自 Blatt 等(1976)和 Beck 等(1983)的理论，他们对抑郁易感人格特征的定义有许多共通之处，在抑郁的人格易感性方面的文献中常常被相提并论。也有许多文献对二者进行总结，认为依赖与社会依赖个体是条件性人际定向(具有过高人际依赖的需求)的人，自主和自我批评个体是条件性成就定向(极端看重个人成功和对环境的掌控能力)的人(Sheldon，2004)。

1. 依赖-自我批评

起初，Blatt 基于临床经验提出了抑郁的两个主要维度：①依附性抑郁(anaclitic depression)，其特征为显著的无助感、需求感、害怕被遗弃和依赖他人；②内摄性抑郁(introjective depression)，其特征为对自己的标准过分严格，自罪感、无价值感等(汪向东等，1999)。但 Blatt 将这两个维度看作是自发育早期即已植根于自身的、稳定的人格特质，是连续性的变量，与正常的抑郁情绪及临床水平的抑郁症状广泛联系。为了评定这两个维度，Blatt等(1976)在大学生样本的基础上编制了抑郁体验问卷(depressive experiences questionnaire，DEQ)，并区分了依赖和自我批评两个因素，分别对应依附性抑郁和内摄性抑郁。需要指出的是，DEQ 并不试图评价抑郁症状，而是评价常与抑郁相关联的、广泛的内心体验，即依赖和自我批评两种人格特征。随后的不同研究者[如 Klein(1989)]分别又在情感障碍患者和正常大学生样本的基础上，对 DEQ 量表进行了检验和修订。

这里，依赖反映的是强烈的情感依附倾向，即迫切地想接近他人和与他人保持亲密关系的需要。依赖个体过分地渴望与他人的积极交往，希望建立一种安全的人际关系以提高自尊。这些个体对被接受、被理解和社会支持有强烈的需求。如果这种需求得不到满足，就会产生无助、虚弱及害怕被抛弃的恐惧。自我批评个体则集中于完成个人目标和高度的竞争力。其关心的是内化的极高的标准和目标，追求一种结果的完美。其抑郁正是来源于无法从成就中获得满足感及苛刻的自我审查，以强烈的自责、罪恶感和自我价值感的贬低为特征。

Blatt 认为这两种倾向性都来自儿童时期被抚养者的不安全依恋——依赖人格来源于

儿童与最初养育者之间基本关系的中断，而自我批评人格则是由于苛刻的、批判性的超我的发展而造成的。在他看来，这两种稳定的人格特质源于截然不同的儿童早期经历，因此不可能在同一个个体身上表现出来。

Zuroff 等则首先提出，Blatt 抑郁体验问卷所测量的与抑郁有关的、稳定的人格特征（依赖和自我批评）应该被解释为抑郁的人格易感性的两个连续性的维度，而非不能共存的两种类型。他们通过实验室实验和纵向研究等方法验证了依赖与自我批评人格分别在人际压力和成就压力下对抑郁的影响（Zuroff and Mongrain，1987；Zuroff et al.，1990）。

2. 社会性依赖-自主

认知心理学家 Beck 根据多年对抑郁症的研究，也提出了一个类似的抑郁易感两维度或模式（Modes）：社会性依赖（Sociotropy）和自主（Autonomy）。根据 Beck 等（1983）的理论，社会性依赖指的是个体投入巨大精力，希望与他人保持永远的积极互动。该类型的特点包括被动获取的意愿（获得接纳、亲密、理解、支持、指导），自恋意愿（获得赞美、威望、地位），对自己的信念和行为需要不断地得到外界的反馈来确定。而自主指的是个体投入大量精力保护和提高自身的独立性、灵活性及个人权益，保护和扩展个人选择、行动和表达的自由，保护个人的空间及清晰界定自己的个人领域等。Beck 与 Blatt 的主要不同还在于，他认为抑郁个体在发病前虽然一般主要表现为其中的一种易感人格，但也可能会同时呈现出两种人格的特点。

Beck 对于依赖人格与自主人格提出了很多设想，其中大部分强调这两种人格使得个体分别在特定类型的应激事件（人际和成就压力）之下呈现易感性。除此之外，两种人格特征对应了个体在抑郁时的不同症状，以及他们在接受治疗时对于各种治疗策略和形式的不同反应。

Beck 等（1983）编制了一套测量这两个人格维度的量表，即社会性依赖-自主量表（sociotropy-autonomy scale，SAS），其最初的因素结构是基于 378 名门诊病人而得出的。随后，为了避免抑郁症状与人格的混淆，突出人格易感性的特点，不同的研究者又基于不同的被试（即实际调查对象）对量表进行了各种修订，其中自主量表得出的因素结构差异较大。例如，Clark 等（1995）在增加了题项，并且采用正常大学生被试后得出了与原始量表不同的因素结构，其中自主分裂为孤立、独立两个维度。而在 Bieling 等（2000）基于门诊病人测试所修订的 SAS 量表中，自主包括了两个因素，即对他人控制的敏感性（sensitivity to others' control）和独立的目标达成意愿（independent goal attainment）；社会性依赖也包含了两个因素，即人际从属偏向（preference for affiliation）和对批评与拒绝的恐惧（fear of criticism and rejection）。同样基于 Beck 的理论，Robins 等（1994）另外编制了一套测量工具——人格类型问卷（personal style inventory，PSI），在门诊病人样本上得出了新的因素结构，其中自主维度包括自我批评、控制、防御性独处 3 个因素，而社会性依赖维度包括担忧、依赖、取悦他人 3 个因素。目前，测量社会性依赖-自主人格的各类量表尚无中文修订版本。

3. 各易感人格维度之间及各易感人格维度与抑郁之间的关系

尽管 Blatt 与 Beck 对两种人格的定义有很多相似之处，但许多研究者[如 Zuroff 等

(2004a)]强调其间是有很大差别的。例如，Beck 的社会性依赖人格中包括了被 Blatt 归于自我批评人格的对他人评价的担忧等特征；而自主与自我批评人格的不同则更明显地表现在前者是个体在发病前的一种积极自我评价，而后者则是完全消极的。另外，在基本理念上，Beck 等(1983)拒绝承认两种人格模式的跨时间稳定性假设，而认为个体可能会从一种人格模式向另一种人格模式转变。

大量研究对两种测量工具进行了相关研究和比较(赵菊，2005)。例如，有相关研究支持 DEQ 中的依赖维度和 SAS 中的社会性依赖维度有重叠的建构，而 DEQ 中的自我批评维度和 SAS 对自主维度的建构重叠很少。

在对抑郁的预测中，易感性人格测量结果与应激的交互作用在大部分研究中表现为显著，但在一些研究中没有得到证实(Zuroff et al.，2004b)。其中，Blatt 和 Zuroff(1992)总结之前研究成果指出，依赖人格使得个体在消极人际事件之下显现其易感性，自我批评人格则使得个体对于更广泛的应激事件具有易感性。而 Beck 的社会性依赖人格则比自主人格具有更为泛化的易感性(Zuroff et al.，2004b)。

另一个涉及抑郁易感性的重要人格特征是完美主义(Perfectionism)。不同的研究者关于完美主义有不同的维度划分。其中，Hewitt 和 Dyck (1986)、Hewitt 等(1991)将其分为 3 个维度：以严格对待自己为特点的自我指向完美主义、以苛求他人为特点的他人指向完美主义及以主观体验到重要他人对自己高要求为特点的社会期许完美主义。一般认为，完美主义是与 Blatt 的自我批评及 Beck 的自主相类似的人格结构(Dunkley et al.，1997)。完美主义总分与 Blatt(1995)的自我批评人格显著相关，其中担心错误和行动的疑虑分量表与其的相关性更显著。

Hewitt 和 Flett(1993)认为，完美主义容易产生失败、焦虑、愤怒、无助、失望的感觉，这些感觉与抑郁和自杀观念关系密切。其中，自我指向完美主义者易受成就压力的影响而抑郁，社会期许完美主义者易受人际压力的影响而抑郁。自我指向完美主义和社会期许完美主义分别定义了完美主义的自我和人际维度，因此它们与多种心理困扰相联系，如抑郁、自卑、自杀观念等。而他人指向完美主义也与抑郁和人际交往挫折(如玩世不恭、孤独、婚姻及家庭问题)存在联系。另外，Flett 和 Hewitt(2002)还有研究显示，社会期许完美主义与抑郁有着最为显著的相关性。

4. 抑郁的人际情境模式

由上可知，Blatt 和 Beck 的易感人格理论都强调情境的重要性，并主要从两分法的人际压力情境和成就压力情境来讨论。后来，以 Coyne 为代表的强调情境因素的研究者从人际情境入手，提出并检验了抑郁的人际情境模式。其基本假设是，不良的人际关系——特别是不良的亲密关系——对抑郁症状的引发和保持起着至关重要的作用(赵菊，2005)。

Coyne 和 Whiffen(1995)认为在压力面前，抑郁易感个体会寻求他人(特别是重要他人)的安慰。但当他人提供这种安慰时，抑郁易感个体又会怀疑其真诚性，并持续寻求更多的安慰，直至(重要)他人拒绝。随之而来的就是一个恶性循环，个体的抑郁易感性也在这个过程中增强。因此，Coyne 的人际调节模式被看作人际的调节模式，即把社会情境变量(如压力事件和社会支持)作为依赖和自我批评个体的调节变量，影响着依赖和自我批评个体的易感性。

而 Hammen(1998) 则认为，由于抑郁个体的抑郁及其与抑郁相关的行为产生了额外的生活压力源，反过来又加重了随后的症状，而这些新的压力源本质上是人际方面的。他认为情境因素在易感人格与抑郁之间起着中介作用而不是调节作用。依赖和自我批评个体的易感性可以通过中介模式来描述。自我批评个体试图达成他们对自己的高标准和高要求，也因此承受更大的失败风险和成就压力。并且，自我批评个体对成就的追求通常是以失去良好的人际关系为代价的，这又导致人际压力的增大和社会支持的减少。另一方面，依赖个体则因其过分卷入人际关系需求中，导致其身边的重要他人疲惫不堪，进而增加个体自身的成就和人际方面的压力。

以上抑郁的人际情境模式中，Coyne 的理论得到了一些研究的证实，但也有研究不支持。特别是在两个人格易感维度上，其支持性结果主要来自依赖性维度，而在自我批评维度上没有得到支持(Priel and Shahar，2000)。Hammen 的中介模式则在依赖维度上没有得到一致性的结论。因为，有研究证实依赖减少了社会支持(Priel and Shahar，2000)，但也有研究结果表明依赖反而可能导致社会支持的增加(Mongrain et al.，1998)。

5. Zuroff 的抑郁人格易感性的动力交互模型

如上所述，传统的人格易感性理论只强调特定易感人格因素与特定情境因素(人际压力和成就压力)的对应关系，即认为高依赖(或高社会性依赖)个体在遭遇消极人际事件后容易抑郁；而高自我批评(或高自主)个体在遭遇失败或感觉失去控制后容易抑郁。而随后 Coyne 和 Whiffen(1995) 等其他研究者的质疑则迫使抑郁易感人格研究者关注到更加复杂的问题，如人格易感性与外界压力之间是否毫不相关，抑郁水平是否会对人格易感因素及外界压力事件产生影响，人格易感性因素的稳定性如何。显然，传统观点将人格、压力与抑郁的关系描述得过于简单。如前所述，Coyne 和 Hammen 分别基于自己的研究提出了人际情境理论和自生压力理论，二者都强调了人际关系的重要作用，并指出人格与压力之间可能存在的相互影响的关系，对传统的抑郁人格易感性理论提出了挑战。

抑郁易感人格研究的代表人物 Zuroff 及其团队又经过多年的研究和实证，整合了 Coyne 和 Hammen 的理论，提出和完善了抑郁人格易感性的动力交互模型(图 1-1)，进一步阐述了人格易感性、压力与人际关系、抑郁的关系(Zuroff et al.，2004a)。

从该模型中可以看出，个体自身的人格易感性与外界压力事件的共同作用将导致抑郁状态的持续和加重，当其作用程度达到一定阈值时，个体便患上抑郁症——这也是传统素质-压力模型的基本含义。除此之外，人际关系在其中具有重要作用。首先，具有人格易感性的个体常常在选择交往对象、理解人际事件及具体交往的过程中采用错误或极端的方式，导致不良人际关系。例如，高依赖(或高社会性依赖)个体可能因为过度寻求他人支持和关心，以及对他人真诚度的持续怀疑而造成重要他人的厌烦和疏远；而高自我批评(或高自主)个体则可能因为过度专注于个人目标和要求而导致极低的社会支持度。这种不良人际关系(特别是人际不和谐及较低的社会支持度)既可能直接导致抑郁，也可以产生更多具体和外化的压力事件(如激烈的人际冲突等)，后者又与人格易感性因素共同作用导致抑郁。

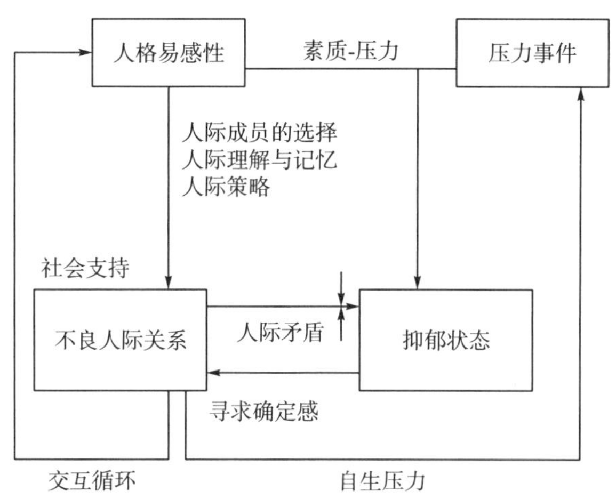

图 1-1　Zuroff 的抑郁人格易感性的动力交互模型

该模型也指出了个体的不良人际关系及抑郁状态对人格易感性因素的反作用，即在人格易感性因素导致不良人际关系的同时，不良人际关系又反过来对人格易感因素产生了固化作用，由此产生一种恶性循环。同理，处于抑郁状态下的个体，其人际关系更容易出现问题，随之也更容易固化和加重其人格易感因素。这也回应了之前一些研究所得出的人格易感因素会随着患病程度的不同而有所波动的结果。由此可见，在该模型中，Zuroff 承认抑郁水平对人格易感性测量结果的影响，但仍然强调人格易感性自身的稳定结构。此外，Zuroff 等(1999)还提出了状态-特质易感模式的说法，认为抑郁易感个体确实存在相对稳定的认知-情感易感结构(特质)，只是其具体表现水平(状态)取决于抑郁水平。

总之，新理论的建构弥补了之前简单的素质-压力模型的很多缺陷，给抑郁的人格易感性研究带来更大的发展空间，同时也带来更多需要进一步探讨的问题。

6. 抑郁易感人格与依恋类型

依恋(Attachment)最早被定义为，个体与特定的他人形成牢固的情感纽带的倾向，它能使个体在生命早期与他们的照顾者保持密不可分的关系，从而获取温饱、安全、关爱等一切个体赖以生存和顺利发展的条件(古玉，2004)。1980 年以后，理论研究开始用依恋的基本原理探讨成人的问题，这些讨论集中于分析依恋的作用。研究者进一步提出，在恋爱关系未成熟阶段，个体在自身体验的基础上，逐渐建立起对依恋对象的期望，包括对依恋对象的支持性和反应性的期望。这些期望与个体早期发展出来的内部工作模型相融合，指导其在恋爱关系发展中的认知和行为。

研究者关于依恋类型的划分并不统一。最早，Hazan 和 Shaver(1987)关于婴儿的依恋文献主要划分为安全型、回避型、矛盾型三类，该分类在成年恋爱关系中也得到了一定的证实。Bartholomew 和 Horowitz(1991)以对自我和他人的内部工作模型的积极和消极程度为基础，将成人依恋关系分为四类：安全型、迷恋型、恐惧型、冷漠型，该分类为更多研究者所采纳。

基于大学生被试，Zuroff 和 Fitzpatrick(1995)分别按照依恋的三类型和四类型模型，比较 Blatt 与 Beck 的易感人格。该研究结果表明，依赖和社会性依赖都与焦虑型(矛盾型)依恋呈正相关关系，而自我批评和自主都与恐惧回避型依恋呈正相关关系，其中自主表现出更高的回避倾向。具体而言，Blatt 的依赖与对恋爱对象的热爱及对失去爱的恐惧相联系；自我批评型个体害怕依赖和亲密，在恋爱关系中表现出不满意、不信任及更多的自我封闭，但自我批评型也与对失去爱的恐惧相关，似乎并不完全与回避型依恋相关，进一步的研究证实它与恐惧型依恋相关，而与冷漠型依恋无关。Beck 的社会性依赖个体在恋爱关系中表现出更多对爱的付出及对失去爱的恐惧，但是与 Blatt 的依赖不同的是，社会性依赖也表现出一定程度的对依赖和亲密的恐惧；自主个体则在恋爱关系中表现出对依赖和亲近的恐惧，以及更多的不满意、不信任及自我封闭，但与 Blatt 的自我批评相比，他们具有更少的焦虑和更多的回避倾向。

Murphy 和 Bates(1997)则采用依恋的四类型模型特别考察了 Beck 的易感人格维度及其与抑郁水平的关系。其结果发现，社会性依赖只与迷恋型依恋类型相关；自主维度与恐惧型依恋类型呈现正相关关系；冷漠型依恋类型则只与自主维度中的防御性独处、控制两个分量表相关，与自我批评分量表不相关。在与抑郁水平的关系方面，与恐惧型和迷恋型依恋都相关的自我批评因素是最为显著的抑郁易感因素；而冷漠型依恋类型虽然表现出自我依赖和对亲密的回避，但与抑郁的前期表现不相关。

7. 抑郁人格易感性的不适应性本质

目前抑郁易感人格研究者所普遍关注的人格因素包括依赖-自我批评、社会性依赖-自主和完美主义，主要是临床心理学家首先基于临床经验构建出理论，然后进行考察和检验。尽管大部分的检验结果符合预期，但也有研究得出了不一致的结果。例如，有研究结果发现依赖维度可能导致社会支持的增加。同样地，也有研究结果说明自主、完美主义可能有其积极的一面。研究者开始认识到，之前的概念仍然不够细致，因而有必要从适应性的角度深入探讨易感人格各因素的内部结构，挖掘其中的不适应性本质。

最早的区分便是从依赖维度开始的。Rude 和 Burnham(1995)集合了 DEQ 的依赖分量表和 SAS 的社会性依赖分量表的条目，在大学生被试中进行了考察，区分出需求性(Neediness)和关联性(Connectedness)两个次级因素。需求性主要涉及对他人不做区分的依赖，表现出无助及对被抛弃的恐惧；关联性涉及当失去或远离特定重要他人时的孤独感。其中，需求性反映出依赖维度中最大的不适应性。Zuroff 等(1999，2004b)根据该分类对以往的数据进行重新分析后认为，需求性反映个体极端需要他人的照顾和保护，却极易在人际关系中受伤，并采用妥协、退让的人际方式以避免人际矛盾的发生，从而获取保护和支持。而关联性反映一些缺乏安全感的个体采用温情、亲密的方式，扮演他人重要的人际伙伴角色，以巩固人际关系。不出意外，二者显著相关，因为它们都表现出个体的情感依附性。需求性个体更缺乏心理成熟性，因为他们无法承受独立，将他人视为满足所有需要的来源。关联性相对较为成熟，因为它表现出对他人情感与需要的理解，以及对人际关系的关注，而非将其作为满足需要的来源。Whiffen 等(2000)发现，二者均与焦虑型成人依恋相关。Bieling 等(2000)基于抑郁症患者被试对社会性依赖也得出了类似的区分，即对人际关联的倾向性(preference for affiliation)及对被批评和拒绝的恐惧(fear of criticism and rejection）两个维度，后者较前者与心理病症呈现更显著的相关性。

在自我批评维度上，Thompson 和 Zuroff（2004）也区分了对比性自我批评（comparative self-criticism）和内化性自我批评（internalized self-criticism）两个次级因素，并编制了独立的测量工具。对比性自我批评被定义为在与他人的对比中体验到的自我消极观念。与社会规定完美主义概念相类似，该特征的个体对自己的非理性要求来自主观认知到的上级（或有敌意和批判性的他人）的较高评判标准。它还与对他人的敌意和不信任相关。内化性自我批评被定义为在与个体内在标准的比较中形成的消极的自我观念。其关注点不在于与他人的比较或者他人对自己的看法，而在于自己对自己严格要求。内在标准的过高导致个体长期的挫败感，而较高的内在标准本身并不一定意味着自我批评，但确实是内化性自我批评的一个组成部分。二者之中，前者被证实是一种最不成熟的表现模式，后者则相对较为成熟。类似的，在自主维度上，Bieling 等（2000）基于患者被试区分了对他人控制的敏感性（sensitivity to others’ control）和独立目标追求（independent goal attainment）两个维度。前者与心理病症呈正相关关系，而后者与心理病症呈负相关关系。他们认为，对独立目标的追求可能与韧性和耐力相关，因而对压力有缓冲作用。

另外，基于完美主义与适应性及抑郁之间关系的复杂性，Dunkley 等（2006）综合了 Beck、Blatt、Hewitt 和 Flett 的理论与测量工具，也区分了完美主义中适应性不同的两个小因素：一是自责完美主义（self-critical perfectionism），表现为消极的自我观念和防御性的人际取向，是完美主义不适应性的主要方面；二是个人标准完美主义（personal standards perfectionism），表现为对较高标准和个人成就的主动追求，相比前者具有较好的适应性。其中，Hewitt 和 Flett 理论中的自我完美主义中的项目分散到了适应和不适应的两个因素中，一定程度上解释了之前对自我完美主义与适应性之间关系的研究结果不一致的问题。

8. 抑郁易感人格的性别差异

事实上，Beck 在提出其理论的同时便认定，女性比男性更容易表现出社会性依赖，而男性比女性更容易表现出自主人格特点。Kirsch 和 Kuiper（2002）也认为所有女性都有趋向于人际关系的倾向性，而所有男性都有朝向个人主义的倾向性。实证研究的结果则出现不一致的情况，而且大多数研究都没有考察两个易感因素与抑郁的相关性的性别差异。

在 Mcbride 等（2005）的最新研究中，他们使用 PSI、贝克抑郁问卷（Beck depression inventory，BDI）及大五人格测量工具对抑郁症患者的人格易感因素、抑郁程度进行了细致考察。其结果表明，在因素特征表现上，女性表现出更高程度的社会性依赖，但自主方面没有性别差异。在与适应性的关系上，男性抑郁患者的社会性依赖与一些消极特质（如自我专注）相关的同时，也与一些积极人格特质（如温情和利他）相关，而女性社会性依赖仅与消极特质（焦虑、抑郁、自我专注）相关；而在自主方面，女性相对于男性，其自主因素与抑郁的相关性更显著。这表明人际关系取向对男性抑郁患者有着有利的方面，而个人成就取向则对女性抑郁患者更加不利。

9. 抑郁易感人格的文化差异

新近的研究考察了文化对抑郁人格易感因素及其与抑郁的关系的影响，并取得了一些初步的研究成果。Kuwabara 等(2004)修订了日本版的 DEQ，并比较了有深度抑郁经历者和无经历者在量表上的得分。其结果发现，原量表中的第二大因素——自我批评上升为第一因素，而有经历者只在自我批评维度上的得分显著高于无经历者，显示出日本版 DEQ 只在自我批评维度上对抑郁易感者与正常人进行区分。但由于研究者未采用临床诊断标准，因此不能确定依赖维度是否真的对抑郁症患者与正常人无区分效果。方建群和姚树桥(2008)对 DEQ 中文版的信效度进行检验，也同样发现自我批评因素成为第一因素。

Abu-Kaf 和 Priel(2008)则考察了文化在易感人格因素与抑郁之间所起的调节作用。他们从以色列大学中选取了代表阿拉伯集体主义文化的贝多因族大学生和代表个人主义文化的犹太族大学生作为被试，分别完成了抑郁量表和 DEQ 量表。其结果发现：①在阿拉伯版本的 DEQ 中，自我批评也成为第一因素；②在自我批评维度上，贝多因族大学生被试的评分显著高于犹太族大学生，表明自我批评倾向是集体主义文化背景下抑郁易感者的重要特征，而在依赖因素上，该研究未发现文化差异；③文化在依赖-抑郁之间没有调节作用，但对自我批评-抑郁关系有调节作用，具体表现为集体主义文化加大了自我批评因素对抑郁的预测效果。

1.2 与抑郁相关的其他人格概念

1.2.1 一般人格

国内外许多研究者直接考察了一般人格，特别是大五人格与抑郁之间的关系。大多数相关研究与纵向研究都得出了较为一致的结果，即大五人格中的神经质维度与抑郁呈现正相关关系，但同时也得出了其他人格因素与抑郁的相关性。例如，Steunenberg 等(2006)对 1511 名老年人的追踪研究发现，在 6 年时间内，神经质对临床水平抑郁症状的预测效果显著，且效果大于身体健康、社会等因素，该预测效果不受年龄因素影响。Chioqueta 和 Stiles(2005)基于大学生被试的横向研究则发现更多的相关性，其多重回归分析的结果表明，神经质和开放性都与抑郁症状有显著正向相关，而外向性则与之有显著负相关。尤其是，神经质与抑郁症状中的无助感有最显著的正向相关，而外向性相反。

研究者还试图探明大五人格分别与 Blatt 和 Beck 的抑郁易感人格之间的关系。在 Blatt 的易感人格方面，已有研究的结论基本一致，即依赖与自我批评都与神经质呈现中等程度正相关，另外分别与大五人格中的其他维度呈现次级相关。例如，Dunkley 等(1997)发现依赖和自我批评与神经质的正相关系数为 0.50～0.60，并且依赖与宜人性呈正相关关系，自我批评与宜人性呈负相关关系。Zuroff 等(2004b)基于不同被试的研究也得到了类似的结果。

在 Beck 的易感人格方面，Dunkley 等(1997)和 Zuroff(1994)基于大学生被试研究发现，社会性依赖与神经质呈很显著的正相关(0.60～0.72)性，自主与神经质的正相关性比较弱，但也达到显著(0.11～0.43)。同时，社会性依赖与宜人性呈正相关关系，而自主与宜人性呈负相关关系。Bagby 等(2001)基于门诊病人的研究也得到类似结果，不同的是在其结果中，自主还与外向性呈负相关关系。

基于大五人格中神经质与抑郁及所有抑郁易感人格之间的密切关系，有研究者对 Blatt 和 Beck 的两种易感人格提出质疑，认为神经质即可以解释全部人格的抑郁易感因素。Dunkley 等(1997)更发现，在控制了神经质因素后，两种易感人格维度便不能更多地解释消极情绪的增长。神经质与易感人格因素的关系给 Blatt 和 Beck 的理论带来挑战。对此，Zuroff 等(2004b)认为，简单的消极情绪增长并不能解释抑郁易感性的全部；同时，神经质也无法解释 SOC-DEP 和 AUT-SC 两个易感因素各自所对应的个体应对方式、成人依恋模式、人际问题、敏感的压力事件及抑郁体验上的种种不同。Mongrain 和 Leather (2006) 基于大学生被试的研究证实，即使在控制了神经质因素和初始抑郁水平后，自我批评与依赖的交互作用仍然显著预期了抑郁心境发生的频次。

需要了解的是，关于人格-抑郁的关系，在易感性模型之外，还存在其他几种不同的典型观点与模型(Klein et al.，2011)，详见表 1-1。其中，共因模型(the common cause model)认为人格与抑郁虽是不同概念，但二者存在共同的或者至少是有重叠的发展原因与机制，认为人格与抑郁并不是直接联系的，其共变关系是源于第三变量。连续体模型(the continuum model)强调抑郁症和特定人格特质之间是连续体，但又是非线性的关系，抑郁症其实就是个体在相关人格特质表现达到某个阈值之后的极端表现。先导模型(the precursor model)则认为，特定人格特征就是抑郁症的早期表现形式，即在抑郁症发作之前，相类似的症状就以人格特质的方式开始显现。病症塑形模型(the pathoplasticity model)认为人格基础并不是抑郁症的病因，但却影响抑郁症发病后的具体表现，具体包括对抑郁症的严重程度、具体亚型、病程和治疗反应等的影响。伴随模型(the concomitants model)和伤痕模型(the scar model)逆转了因果关系的方向。在伴随模型中，个体的抑郁状态会影响或扭曲人格的评估，而抑郁症状消除或缓解后，人格又会回到其基线状态。伤痕模型则认为，抑郁的发作对人格有持久的影响，它带给人格的变化在抑郁症康复后仍然会保持。各种模型也都在实证研究中获得不同程度的支持，相关的争论仍在持续。

表 1-1　人格-抑郁关系的经典观点与模型

模型	阐述二者关系的核心假设
共因模型	二者的联系来源于共同的病原
连续体模型	相似的病原；人格与抑郁在同一连续体上的两端，二者的联系为非线性
先导模型	相似的病原；人格预测抑郁症的发病
易感性模型	人格是抑郁症发生的起因；其他变量在其间起调节或中介作用
病症塑形模型	人格只是预测个体患抑郁症后多样性的亚型表现和后果
伴随模型	人格在抑郁症发作期间发生改变，但在抑郁症消除或缓解后恢复
后果/伤痕模型	人格改变在抑郁症发作期间发生，并在抑郁症康复之后保持

1.2.2　自我

自我是人格的核心概念。而在心理健康领域，西方的“self-esteem”是最早受到关注的概念之一。Self-esteem，在国内大多被翻译为“自尊”，被定义为个体对自我持有的一种情感体验或对自我的整体性评价。

已有探讨自尊和抑郁间关系的研究得出了较为一致的结论：自尊和抑郁之间存在负相关(Tennen and Herzberger，1987)；低自尊和抑郁关系密切(Bibring，1953；Blatt et al.，1976)，低自尊和抑郁间有相当程度潜在的重叠过程(Watson and Clark ，1984)；甚至在临床抑郁诊断中，负性自我评价也是重要的标准之一。但是，由于低自尊既可能是抑郁症状的原因，也可能是抑郁症状的结果(Strauman and Kolden，1997)，二者之间关系紧密却也难以解释，因而自尊并不适于作为抑郁易感性的指标。

随后有人开始关注到自尊稳定性的问题。自尊不稳定性(instability of self-esteem)被定义为个体在面对日常应激和压力时，外显自尊在一段时间内表现出来的波动和变化的情况。相关研究证实，抑郁症康复者与常人之间，其外显自尊水平无显著差异，但自尊稳定性呈显著差异，且其自尊稳定性与抑郁症患者无显著差异(Gable and Nezlek，1998；Roberts and Gotlib，1997；Franck and De Raedt，2007)。纵向追踪研究更表明，自尊不稳定性比自尊更能预测各类被试(大学生或抑郁症康复者)抑郁水平的增长(Kernis et al.，1991；Franck and De Raedt，2007)。因此，目前自尊不稳定性被认为是在任何一个时间点上都比外显自尊更好的抑郁易感性指标(Hayes et al.，2004)。

随着内隐测量工具的发展，研究者开始探讨内隐自尊与抑郁之间的关系，其结果没有支持传统的认知观点——抑郁症患者、康复者及未患过抑郁症的常人内隐自尊均表现为积极。或者说，内隐自尊并非认知学派观点所提出的抑郁易感个体潜在的消极自我图式。具体的研究结果中，有的表明抑郁症患者、康复者及常人间内隐自尊无差异(De Raedt，2006；席明静等，2007)；也有研究则表明，康复者的内隐自尊高于常人(Gemar et al.，2001；Franck et al.，2008)。另外，研究发现，抑郁症患者中，有自杀念头的患者其内隐自尊显著高于无自杀念头的患者(Franck et al.，2007a)。纵向研究(Franck et al.，2007a)结果则表明，在控制了初始抑郁水平之后，内隐自尊对个体6个月后的抑郁水平的预测效力比外显自尊更高。

随后有研究者认为，高内-低外自尊与抑郁的易感特征——不稳定性自尊相关，并在随后得到间接性的证实。蔡华俭(2003)对大学生被试的研究发现，高抑郁水平个体存在内隐自尊高于外显自尊的倾向，而抑郁水平较低者存在外显自尊高于内隐自尊的倾向。席明静等(2007)研究也证实，抑郁症患者较之于常人，有内隐自尊高于外显自尊的倾向。Franck则基于自己的研究结果提出假设，内隐自尊代表一种“理想我”，高内隐自尊即代表着对自己的高标准，内隐自尊和外显自尊是一种“目标”与“现状”的关系(Franck et al.，2007a)。因此，内隐自尊高于外显自尊，就带来了抑郁水平提高乃至自杀的风险性。但在其纵向研究(Franck et al.，2007b)中，内隐与外显自尊的交互作用不显著，即不能证明内-外自尊差异的作用。相关假设正在进一步的探索和验证之中。

另一方面，国内黄希庭和尹天子(2012)提出，自尊存在中西方文化差异，主要表现在根源性、包容性及表达性三个方面。具体而言，中国文化下，个体的自尊更强调其社会性和集体性；包容了与自我有关的亲密他人；在内隐层面和私密情境中表现较高水平，而在外显层面和公开情境中表达更含蓄。进一步，舒首立等(2015)提出，将西方心理学中

Self-esteem 翻译成“自尊”是错误的，二者是两个完全不同的概念；具体而言，中国本土化的自尊概念包含不卑躬屈膝、不允许言语侮辱、不允许强力欺压三个维度。

除此之外，有研究者更关注自我概念的结构与抑郁的关系。其中，Linville 的自我复杂性模型认为，高度分化的自我概念（自我维度数量少且维度间的相似性低）能够通过防止情绪扩散缓冲压力事件的消极影响（孙晓玲等，2007）。Linville 采用卡片分类任务来测量自我复杂性。相关研究有的证实了这一假设，有的则未获得相关证据。孙晓玲等（2006）则考虑到中国文化的影响，采用基于社会背景的角色分类法得出了较为复杂的结果。一方面，累积压力下，高数量的自我维度意味着青少年更高的满意度；另一方面，在当前压力下，自我维度的高数量/高重叠使青少年更少产生抑郁，而高数量/低重叠意味着自我分裂，使得青少年易受消极事件影响，低数量/高重叠表明自我相对简单或狭隘，难以应付生活的高压力。

Campbell 还提出了自我清晰度（self-concept clarity）的概念，描述的是个体自我概念的确定性、内部一致性和时间上的稳定性。他认为清晰度是一种稳定的个体差异变量，可以通过自陈的方式获得，且它对于抑郁情绪具有缓冲作用。该假设也得到了一定程度的证实（Campbell et al.，1996；毕重增和黄希庭，2006）。

1.2.3　应对方式

压力应对是个人在压力状态下的自我调节努力，包括认知的、情绪的和动机的、行为的反应。早期理论主要区分了以问题为中心和以情绪为中心的两种应对方式（Lazarus and Folkman，1984）。以问题为中心的应对方式，即针对应激源有所行为；而以情绪为中心的应对方式，则通过情绪宣泄、从他人那里寻求安慰和社会支持及回避应激源等方式减轻消极情绪。但这种分类由于过分宽泛而受到很多研究者的批评（Garber，2006）。黄希庭（2006）根据对大学师生的访谈和以往文献的分析，编制了中国的大学生应对量表，包含 9 个因素（问题解决、求助、转移、忍耐、逃跑、幻想、抱怨、压抑、退缩），经修订后包含 8 个因素（问题解决、升华、合理化、求助、压抑、推卸责任、发泄、逃避），大致也可以归纳为问题取向应对、情绪取向应对及逃避应对三大类。

王高华等（2006）研究证实，抑郁障碍青少年相对于正常青少年，其应对方式在自责、求助、幻想、退避等因子上有显著差异。陈红等（2002）则发现 A 型人格的中学生倾向于使用着重情绪的应对方式，相比 B 型人格的中学生较少使用着重问题的应对方式。高自我价值感的中学生更多地使用问题解决和求助的应对方式，低自我价值感的中学生更多地采用幻想的应对方式。

Compas 等（2001，2004）则基于主动性和投入性两个维度，将压力应对方式分为主动的和不自觉的，以及投入的和非投入的。他认为，不自觉的或主动的应对方式是个体气质差异的部分表现；主动性应对则是自我调控过程中的一个方面，指的是出于自身意志的有意的压力应对方式。投入性应对指的是问题解决、认知重组、积极性重估及注意分散等方面的应对；而非投入性应对则表现为回避、自责、放纵情绪及沉思默想等。在其综述中（Compas et al.，2001），大多数研究都发现高程度的投入性应对及问题解决性应对方式与较低程度的内化症状相联系；相反，非投入性的应对、不自觉的投入性应对及以情绪为中心的应对方式与较高程度的内化症状相关。其中，与许多更严重的适应不良状况相联系的压力应对方式包括认知行为回避、社交退缩、无条件接受、情绪唤醒、情绪放纵、幻想、自责或自我批评、闯入性念头(intrusive thoughts)及沉思等。

遗憾的是，大多数研究都是横向的而非纵向的，因此很难确定应对方式与抑郁的因果关系。尽管适当的应对方式可以使情绪障碍缓解，但是各种程度的情绪障碍同样可以导致不同的应对反应。

McFarland 和 Buehler(1998)、McFarland 等(2007)则强调了情绪性应对的异质性，提出并通过实验验证了个体处理消极情绪时的两种应对方式及其作用。他们强调的这两种情绪性应对方式如下：沉思型(Ruminative)——被动地沉浸于自我的消极方面，形成抑郁的易感；反思型(Reflective)——主动地、开放性地、探索性地对待自我，较快地恢复情绪。前者使得个体面对消极情绪时产生更多消极的自我念头，而后者使得个体产生更多积极的自我想法。两种情绪应对方式以个体进行情绪调控的目标和意愿为中介，影响自我提升想法的产生。

近年来，许多研究更着重关注沉思性应对方式(ruminative response style)与抑郁的关系。沉思是指个体把注意力集中在抑郁症状及这些症状含意的行为和想法，包含了反复思虑抑郁症状(如思考“我多么地疲乏”)、抑郁的可能原因(如询问自己“为什么我心情低落而别人没有”)，以及抑郁可能引起的后果(如思考“如果我一直这样下去，我将不能完成我的工作”)。有研究证实其伴随抑郁症状而并发，且能预测抑郁症状的进一步恶化(Rood et al.，2009)。也有研究证实其可预测抑郁症的首发(Nolen-Hoeksema et al.，2008)。国内研究者杨娟等(2010)采用 HLM 方法，追踪了 527 名青少年 1 年内抑郁情绪的变化，分析了不同亚型的沉思与应激性生活事件的交互作用对抑郁症状水平的影响。其研究表明，沉思应对中的强迫性冥想与反思的作用不同，具体而言，应激性生活事件和强迫性冥思会加重抑郁症状，而反思没有加重抑郁症状；沉思及亚型均不会改变应激性生活事件对抑郁症状的影响程度。凌宇等(2013)进一步的研究还发现，沉思、强迫性冥思和反思是高中生神经质人格和抑郁症状关系中的部分中介因素，强迫性冥思比反思具有更显著的中介效应。也有研究发现，这一应对特征也与焦虑症有关，但它与抑郁症的关联明显更强(Nolen-Hoeksema et al.，2008)。

1.2.4 人格障碍

人格障碍是指人格特征明显偏离正常，使病人形成了一贯的反映个人生活风格和人际关系的异常行为模式。这种模式显著偏离特定的文化背景和一般认知方式(尤其是在待人接物方面)，明显影响其社会功能和职业功能，造成对社会环境的适应不良，病人为此感到痛苦，并已具有临床意义。临床证据表明，抑郁症与人格障碍的共病现象很常见，且抑郁症患者人群中的人格障碍患病率远高于正常人群。西方文献一般认为抑郁症与边缘性人格障碍共病情况最多，其他人格障碍(如回避型人格障碍等)也可伴发抑郁症。国内研究方面，李玉娥等(2005)则发现，在抑郁障碍组中伴一种人格障碍和两种或以上人格障碍发生率显著高于正常对照组，其中以回避型(32.3%)、强迫型(29.4%)、消极型(22.5%)等人格障碍最为常见。

目前抑郁症与人格障碍的共病机制仍不清楚。有国外研究者提出共病可能与 3 种相互作用方式有关：①人格障碍先于抑郁症发生，并作为抑郁症的一个独立易感因素；②抑郁症可能早于人格障碍发生，并促进人格障碍的产生和发展；③在抑郁症和人格障碍间存有一交互面，即抑郁性人格障碍(周玉萍和刘霞，2003)。

1.2.5　人格与抑郁亚型

如前所述，研究者也一直关心人格因素与患病期间具体症状之间的连续性关系。Robins 等(1994)以抑郁症患者为被试，考察了 Beck 的社会性依赖-自主因素对患者的不同症状表现的解释性。其结果表明，抑郁症患者的不同症状表现可以用维度化的社会性依赖和自主分数做很好的解释，但聚类分析结果并不支持类别式的划分。其中，自主与兴趣及快感的缺乏、无助和自杀念头及失败感呈显著的相关性；而与社会性依赖相关的症状则主要分为 3 组：①自卑感、社交中的自我专注和人际拒绝敏感；②内疚与自责；③焦虑症状。

另外，Parker 等(2002，2005，2006)还就泛化的抑郁障碍的易感人格基础得出了新的理论成果。他们将 DSM 对非典型抑郁(atypical depression)的定义模式进行了推广，试图对所有抑郁障碍的亚型都从稳定人格和发病时的症状两个方面来进行定义。与之前的研究不同的是，他们没有拘泥于已有的理论和量表，而是采用“自下而上”的方式，在广泛总结学术文献及临床医师经验的基础上，以临床病人和有过病史的网民为被试重新总结具有抑郁易感性的人格特点，并编制测量工具。在 Parker 和 Crawford(2007)的研究中，扩大了被试数(2692 名遭遇过临床水平抑郁的网民)，并同时考察人格类型与应对方式，确定了 6 种与抑郁关系紧密的人格因素，分别是焦虑性担忧、完美主义、自我保留、易怒、社会性回避和人际拒绝敏感，它们分别对应于大五人格中的神经质(焦虑性担忧、人际拒绝敏感、易怒)和内向性(完美主义、自我保留和社会性回避)。其研究结果认为，这些连续性的人格特征使得个体在遭遇抑郁时各自表现出不同的应对方式，并对应于不同的抑郁症状(图 1-2)。

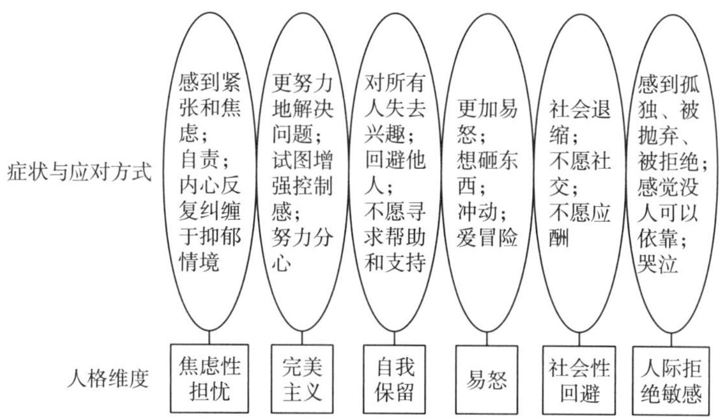

图 1-2　Parker 的与 6 种人格维度相关的抑郁症状及应对方式

在 Parker 等看来，人格类型——而不是消极情绪的严重程度——才是临床病症类型的根基。围绕人格类型，临床医师和研究者就可以更好地理解各种抑郁症状的表现，其中有些是稳态的(如贪吃、嗜睡)，表现的是内在免疫系统的减压反应；有些是从属于该人格类型的认知表现(如容易感觉自己被抛弃、拒绝和轻视)；而有些则是心理性的或情境性的自我安慰策略(如大量消费、寻求支持及痛哭)。该理论的主要贡献在于，它更加清晰和直接地将临床抑郁症状与易感人格特点相联系，对于了解抑郁症的异质性及进一步探讨人格与抑郁的关系有很大的启示意义。

1.3 中国文化下的抑郁与人格

1.3.1 中国文化下的抑郁个体

国内临床医师及人格心理学家有许多独到的论述。其中，我国老一辈著名精神病学家刘贻德(2002)总结临床经验认为“诚信二字可以概括抑郁症患者病前人格”“我从未见一例抑郁性人格者生前表现奸诈、狡猾、仗势欺人、拉帮结派、以权谋私、教唆作恶、阴险恶毒”，甚至感叹“抑郁性人格令我崇敬”。

而在《中国式抑郁》一文(王登峰等，2006)中，3 位心理学家又分别讨论了中国人抑郁的文化特点。王登峰认为“中国文化以性善论为核心，崇尚人的道德修养，强调改变人内在的品质，向内求善”“要时时提防暴露恶，掩饰内心深处的东西，这使得一些中国人更倾向于做表面文章，生活在非常沉重的枷锁中”“正因为中国人所求的善比较高，一般人都不容易达到，所以一些中国人内心会体验出更多的压力以及不良的情绪，抑郁也是一些中国人最容易体会到的情绪”。

贾晓明认为“中国人的情绪是受到他人评价和环境影响的”，因此“中国人的快乐和骄傲都不好表达，只是尽力掩饰”。另外，“中国人生存也有太多的责任和压力”“以外在标准(如极致的孝道)评价个人价值的文化，使一些中国人受到压抑，难以感受到人生的价值和意义”。他强调“文化限制了一些中国人感受快乐的能力”“以所谓光宗耀祖的大快乐为乐”，却不能像西方人那样“享受生命中点点滴滴的小快乐，直接面对内心丰富的、自然的情感”。

杨中芳指出，中国人认为“人际和谐是人们与外界共处的一项最高原则”，而“以真性情来处世，经常破坏了人际和谐”，因此容易产生“长期隐藏在内心得不到发泄的抑郁情绪”“不能面对自己内心的真实情感，总是为了环境而活，活得很累”。

王丹芬等(2004)则强调当代中国人内心存在的现代观念和传统文化之间的冲突与中国人的抑郁有很大关系。他们认为当代中国人一方面有自我满足与需求的愿望，另一方面却受到以父母和社会规范为代表的传统文化的制约。

黄希庭(2006)也强调了中国传统文化中对健全人格影响的双重性，指出了其中有关心理健康的消极方面等内容。第一，社会取向性使得自我在中国传统文化中被压抑、受歧视，这就容易造成个体人格上的依赖性、求同性及自我的萎缩，甚至产生自卑自怜、自轻自贱的意识。第二，高度约束性。凡是与道德礼教相违背的言行都不被允许，要求人们“慎独”“自省”“谦虚”。这样往往使个人的需求、欲望、情感受到过分压抑，而得不到正常的表达和必要的宣泄。第三，传统儒学宣扬“知其不可而为之”，易于导致人们把这种主观能动性绝对化，片面夸大，产生诸如自我评价过高、自我期望过高、唯我独尊、自以为是、自大自负等不良意识和思想行为。第四，在中国传统文化的指导下，儿童的早期社会化多经历依赖、求同、自抑、忍让等训练，这些训练内容被认为与强迫、焦虑、抑郁、社交恐惧症等神经症倾向的形成有直接或间接的关联。

1.3.2 中国化的人格理论与研究

目前关于抑郁的人格方面，国内尚缺少中国化的、系统的和有针对性的实证研究。已有的研究较为零散，使用的人格测量工具各不相同，且多为西方量表。有研究基于临床抑郁患者被试，考察了抑郁障碍与人格特征和应对方式的关系 [如洪炜等(2004)]；更多的研究则基于大学生被试，考察抑郁症状与人格之间的关系 [如谢钰涵等(2005)、阳德华(2004)]；也有研究考察了完美主义与抑郁之间的关系 [如张铁文和甘怡群(2006)]等。

而王登峰和崔红(2005)关于中国人人格与心理健康的研究虽未专门针对抑郁症状，但仍具有启发意义。该研究使用《中国人人格量表》(qingnian zhongguo personality scale，QZPS)，结果认为，中国人的人格维度不仅直接对心身症状有着正向或负向的预测作用，还通过自我与经验的不和谐、行为抑制对心身症状产生间接的预测作用。具体而言，外向性、善良和处世态度 3 个维度总是表现为心理健康的促进者；行事风格则总是表现为心理健康的抑制者，它包括严谨、自制和沉稳 3 个小因素，高分者的特点是做事踏实认真、谨慎、思虑周密、行事目标明确、切合实际、守规矩、合作，这样的人格特点有利于个体的工作和人际适应，但不可避免地加重了个体对自己言行的控制和约束；才干人格维度则表现为较为复杂的“促进-抑制者”，它包括决断、坚韧和机敏 3 个小因素，高分者特点是敢作敢为、坚持不懈、积极投入和肯动脑筋，这样的特点对心身症状起着直接抑制作用，但对自己的要求和期望也会很高，因此经受自我与经验不和谐的概率高，对行为(特别是不够优异、机智的行为)的抑制作用大，因此才干与心理健康的关系视不同的情境要求而异。

基于黄希庭有关中国化的健全人格理论，研究者还从另一个角度研究和探讨了与抑郁相关的人格因素，即对抑郁等心理问题起到阻抗作用的、积极的中国人自我结构(黄希庭，2003；黄希庭等，2006)。该理论把人格与心理疾病相联系，将心理健康理解为一个连续体，连续体的一端是最差的心理健康行为——心理疾病或心理障碍，另一端是最佳的心理健康行为——健全人格(perfect personality)。健全人格具有以下特点：对世界抱开放态度，乐于学习和工作，不断吸取新经验；以正面的眼光看待他人，有良好的人际关系和团队精神；以正面的态度看待自己，能自知、自尊、自我悦纳；以正面的态度看待现在和未来，追求现实而高尚的生活目标；以正面的态度对待顺境和逆境，能调控情绪，心境良好。总之，健全人格的人能以辩证的态度对待世界、他人、自己、过去、现在、未来、顺境和逆境，是一个自立、自信、自尊、自强、幸福的进取者。黄希庭(2006)进一步指出，幸福进取者有一个好的自我调节机制，明显表现在努力与放弃、乐观与悲观两个应对维度上的良好的自我调节。面对压力，幸福进取者由于具有自立、自信、自尊、自强等人格特征，在自验预言的作用下，会以正面的乐观心态坚持努力，设法寻求有效的方法来应对逆境。而严重缺乏自立、自信、自尊、自强的人生活在自验负面预言的怪圈中，他们倾向于把小挫折“灾难化”，从而放弃努力或降低目标。这种放弃对目标的追求又加强了自我怀疑，加强了自验预言，造成恶性循环。其中，当把不断放弃归因于自我，导致对自己不满时，个体感到抑郁和挫败感。个体犹豫不决，行动上放弃，心里却没有放弃，经常想到目标，但又不能接近目标，这时很容易产生抑郁。另外，个体若顽固地坚持一个确实达不到的目标不仅徒劳浪费资源，也无法注意到新的机遇并及时做出反应，也容易使人产生抑郁。

总之，健全人格理论强调，个体面对压力后所采取的应对方式及其产生的情绪后果与自我调节机制有密切联系，其中自立、自信、自尊、自强都扮演着重要的角色。该观点也得到了不同程度的证实。

自立被界定为个体从自己过去依赖的事物那里独立出来，自己行动、自己做主、自己判断、对自己的承诺和行为负起责任的过程(李媛，2002)。夏凌翔(2006)综述认为，中国的自立概念对个体性、独特性及人际分离的强调都不如西方的自主概念。西方文化一般将自主与依赖视为相对的两极，不能共存，自立概念则不简单排斥依赖，而是暗含相互依赖因素。在强调“中庸”的文化传统下，自立概念从来就没有走向极端，是健全人格的重要因素，不会导致抑郁等心理问题。夏凌翔(2006)通过《青少年学生自立人格量表》研究发现，自立人格水平会影响个体解决现实生活问题的质量与行为特征。

自信是健全人格的组成概念，是个体对自己能力和判断的确信和不怀疑(毕重增和黄希庭，2007)。在目标行动中，对自己能力的判断和确信能够使个体采用积极的应对而取得成功(黄希庭，2006)。毕重增(2006)基于自编自信问卷的研究表明，自信与自陈生理健康正相关，与小病次数、抑郁、焦虑负相关；与积极应对、领悟社会支持正相关；与人际信任正相关；可以预测幸福感，且可以解释自尊对幸福感的部分回归效应。

自尊方面，黄希庭和杨雄(1998)、黄希庭和余华(2002)、黄希庭等(2003)编制了中国化的《青少年自我价值感量表》。基于该量表，张连云(2006)对大学生被试考察了一般自我价值感与抑郁的关系。其研究发现，一般自我价值感和社会支持对抑郁的主效应都很显著，且一般自我价值感与社会支持对抑郁有显著的交互作用。汪宏等(2006)的研究证实自我价值感作为一种稳定的人格倾向，它与主观幸福感的相关性非常紧密，这表现在自我价值感的各层次上对主观幸福感起着直接或间接的作用，并使自我价值感在整体上与主观幸福感呈现出显著的相关性。石伟和黄希庭(2007)的研究则发现，高自尊个体相对于低自尊个体有正向的记忆偏向，该记忆效应并非暂时的心境使然，而是特质自尊作用的结果，并且高自尊个体对自我潜在的威胁是高度敏感的，会采取忽视策略以实现自我保护。

自强方面，郑剑虹(2004)的实验研究表明，高(低)自强被试在成功和失败反馈后从事困难性任务的持久性上存在显著的差异，高自强被试的持久性显著地长于低自强被试。这说明个体的自强水平越高越能抵御外界情境的压力和威胁。另外，研究还发现，温暖型的父母抚养方式与自强意识之间存在极显著的正相关关系，而惩罚严厉型、拒绝否认型和干涉保护型的父母抚养方式与自强意识之间则呈负相关关系。汪宏(2007)对意志行动与健全人格诸组成部分(自尊、自信、自立和幸福感)的关系研究表明，个体在意志行动上表现为目标评价积极且明确可行、调控能力强、困苦水平低，则个体的自尊、自信、自立的水平就高，也能体验到更多的幸福感。

目前，健全人格理论经过多年的研究与构建，已发展成为幸福进取者模型（黄希庭和尹天子，2016；黄希庭，2017）。该模型强调，要成为幸福进取者，必须拥有正确的价值观；必须具有积极主动的自我观，要自爱、自立、自信、自省和自强；还需追求美好的人生理想，并随之具备勤于学习、善于思考、心胸宽广、人际和谐、心境平和、勇于担当等优良品质。

1.4　抑郁易感性的形成

为了探索抑郁易感性（包括认知易感性和人格易感性）的来源，研究者纷纷将重点放在抑郁个体神经生理基础及早期家庭影响因素上。研究结果证实了家庭对于儿童与青少年抑郁易感性及抑郁的发生和持续所起的决定性作用，内容主要涉及生理遗传、父母冲突、教养方式、亲子关系及家庭背景等方面。

1.4.1　遗传与生理基础

1. 遗传学

抑郁具有中等程度的遗传性，双生子遗传力达到37%。目前，大多数抑郁研究考察了5-羟色胺系统基因、多巴胺系统基因与抑郁的关联，如 5-HTTLPR（serotonin-transporter-linked polymorphic region，5-羟色胺转运体）基因、MAOA（monoamine oxidase A，单胺氧化酶 A）基因、COMT（catechol-O-methyltransferase，儿茶酚胺氧位甲基转移酶）基因及DRD2（D2 dopamine receptor，多巴胺 D2 型受体）基因等。相关候选基因可以通过降解（如MAOA、COMT）和转运（如 5-HTTLPR）功能调节突触间隙中 5-羟色胺或多巴胺的水平，也可以改变脑内受体数量（如 DRD2 基因）调节信号传导，进而影响个体抑郁水平（曹衍淼等，2013）。

而即便是有关抑郁症的遗传学研究，目前也越来越强调，只有充分考虑各种候选基因与环境的交互作用机制，才能真正地弄清楚抑郁症的遗传与发病机制（Border et al.，2019）。

2. 脑神经活动

1）左右前额神经活动的对称性

Davidson（1988，1998）最早基于自己的一系列研究提出，使用 EEG 对大脑 α 波（8～13Hz）的测量中所表征出来的左右前额活动的对称状况，可以反映出个体对于情绪刺激的不同反应倾向。他进一步指出，这种对称状况是一种稳定特质。左前额活动的增多与积极情绪及心理免疫功能相联系；而左前额所表现出来的相对的活动性不足的情况是抑郁易感性的一个稳定指标。

Tomarken 等(1990，1992)研究证实，EEG 测量的左右半脑前额 α 波的对称性不仅是个体稳定的特质，它还与个体即时性的情绪反应相联系。该实验中，先对 32 个女性被试测量其前额基线 EEG，随后安排其观看电影片段，分别诱发其快乐的和恐惧厌恶的情绪。该实验结果发现，被试左右半脑 α 波的对称状况，能够有效预测他们在消极情节诱导下对消极情绪的体验程度，且这种体验程度与初始情绪无关。许多 EEG 研究 [如 Allen 等(1993)]也都证实有抑郁病史者相对于无病史者，存在左侧前额活动不足的情况，且这种前额神经活动的对称性情况与抑郁症发病时所表现出来的认知加工偏向(消极注意偏向)无关。另有研究考察了抑郁症患者的婴儿左右半脑前额的 EEG 情况，证实了患者的婴儿也存在左前额活动性相对不足的情况(Dawson et al.，1997)。

Tomarken 等(2004)通过对高危青少年(抑郁症患者子女)EEG 的 α 波(8.5～12.5Hz)的测量，也发现了其左前额活动性不足的情况。这一差异在前额中区(F3/F4)表现最明显，且在采用任何参考电极时都表现出一致结论。而 Davidson 等(2003)对正常人进行冥想训练研究发现，在经过 8 周的冥想训练后，实验组不仅提高了心理免疫功能，而且大脑左侧活动性也显著加强。但差异最显著的部位与预期在前额中区(F3/F4)不同，该研究发现在(C3/C4)区域差异最显著。

总而言之，个体左右前额神经活动的对称性状况可能是抑郁易感性的一个稳定指标。

2)认知神经活动的特异性

P3b 波的振幅是目标评价和加工强度的敏感指标，它随目标的有效加工而成比例增长，而这个加工反映了工作记忆的资源(孙天义等，2008)。GO/NOGO 实验范式中，在 GO 刺激下呈现出的 P3b 波则标志着个体对目标的识别和确认过程(Picton，1992)。Houston 等(2003)的 ERP 研究发现，在相同认知任务下，有过抑郁病史的健康女孩(14～20 岁)所呈现出的 P3b 波振幅显著小于无抑郁病史的健康女孩。他们强调，这种 P3b 波的振幅减小情况，是一种稳定特质，而非情绪诱发的状态。

Zhang 等(2007)则在对被试进行了严格筛选后(排除情绪障碍病史、药物滥用史、药物使用等干扰因素)，比较了抑郁症患者的健康子女(高易感组)与父母无抑郁症病史的健康子女(低易感组)在 GO/NOGO 实验范式下的 P3b 波情况。该结果证实，抑郁的高易感组在 GO 刺激下呈现出的 P3b 波的振幅显著小于低易感组。他们由此进一步假设，这种 P3b 波的异常情况标志的是抑郁易感性的特征，而非亚临床水平抑郁或者其他未检测出的心理障碍。

1.4.2 家庭因素

1. 亲子互动

目前，父母患有抑郁症对其子女抑郁而言是一个最大的风险因素，这种风险性既可能来自其遗传影响，也可能来自其造成的环境影响。Garber(2006)总结已有研究发现，抑郁症患者家庭普遍存在不良的依恋、沟通、凝聚、社会支持、孩子教养、过度批评、苛刻的家教以及不适宜的生疏关系等问题。抑郁症患者与他的配偶与孩子间都更加容易发生冲突，沟通也更加困难；抑郁症患者父母更容易产生敌意，较少有精力或是温情投入给他们的孩子。而低水平的父母温情、高水平的敌对心理、愈演愈烈的亲子冲突都预示着子女内化障碍的发生。

如前所述，依恋理论对于理解个体有关抑郁的风险性与保护性因素的形成非常重要。国内也有研究表明，与安全依恋型青少年相比，不安全依恋型青少年普遍自信水平低，回避解决问题，有更多功能失调性行为与愤怒表达，其中尤其是矛盾型依恋的青少年更容易出现内化症状与自杀行为(程文红和王祖承，2005)。有关儿童抑郁与父母情感表达(指家人对个体的情感反应)的研究发现，儿童抑郁的发生和维持与父母不良的情感表达有关，表现为亲密性、支持性差，参与少，批评拒绝水平高(Asarnow，1993)。在教养方式方面，专制与忽视型教养方式下的孩子最容易出现抑郁。

国内也有相关研究成果，如程文红等(2006)考察抑郁障碍青少年患者病前家庭因素发现，与正常组相比，患者组 47.5%存在早年负性生活事件经历(分离、虐待等)；患者组父母 44.3%有心理障碍，相比于对照组，他们在子女教养方式上呈现出更多缺乏关心或过度控制等问题；63.9%患者家庭存在情感表达困难，54.1%患者父母教育态度不一致。另有文献(Kim and Ge，2000； Xia and Quian，2001)总结多年来以华人为被试(包括中国大陆人和美籍华人被试)的相关研究指出，中国个体从父母那里感受到的温情、理解总是与抑郁呈负相关关系，而拒绝、过分保护和严格的管制与抑郁总是呈正相关关系。Liu(2003)对中国台湾地区青少年的研究还发现了性别差异，即相对而言，与母亲的互动关系对女孩的抑郁影响较大，而与父亲的互动关系对男孩的抑郁影响较大。

2. 父母关系

经典的精神分析理论认为，父母的婚姻冲突有可能引起儿童的自尊受损及自我谴责或自我惩罚，从而导致抑郁。已有的研究成果也一致性地支持了父母婚姻冲突与破裂对于青少年抑郁的影响(胡赤怡等，2004)。其中有研究表明，父母离异与青少年抑郁的关系是多元的，父母离异、父母间冲突、母亲身体健康状况不良、母亲抑郁心境、母子关系不良 5 个因素中的任意 4 个，在青少年期间同时或者累加出现，都有可能导致青少年以及成年早期的抑郁；女孩比男孩更容易受父母离异的困扰而出现抑郁。特别是，相对于婚姻关系存在严重冲突但已离婚或分居的父母，婚姻关系严重不良但仍维持表面稳定的家庭，其子女抑郁风险性更高。

3. 家庭经济水平

许多研究证实，家庭贫穷、父母的文化程度偏低等因素会加大儿童出现抑郁等情绪问题的可能性(孙燕青，2001)。Birmaher(1996)则认为经济不良会导致父母养育方式不一致，拒绝行为增加，关心减少，支持少而且更加专制，从而造成子女容易抑郁。

进一步的研究显示，贫穷对儿童、青少年心理健康的影响是动态、累计和连锁性的(Yoshikawa et al.，2012)。基于美国国家数据的前瞻性纵向研究发现，贫困家庭的儿童与青少年在 14 岁之前罹患抑郁症的比率显著较高；这其中，父母的低社会经济地位水平、家庭破裂关系以及居无定所的生活状况都是可能的原因。首先，父母失业或工作机会限制家庭的经济状况，也就限制了家庭购买儿童心理健康发展所需的安全环境及资源(食品、教育、住房等)的能力。其次，恶劣的家庭经济状况会减少父母的心理资源，降低其养育子女的能力。比如，工作的不稳定性会增大父母日常心理压力、养育压力，使得他们无力对孩子提供充分而有效的照顾；失业会给婚姻关系带来困扰，增加婚姻破裂的可能性，进而影响孩子的心理；父母会因贫困而情绪不良，进而导致对孩子无原则的惩教……这些状况恰恰与儿童早期的不安全依恋有很大关系。第三，贫困社区内较低水平的学校教育质量、恶劣的邻里气氛也都持续对孩子的心理健康带来消极影响。最后，父母的贫困压力还会长久地激活孩子的生物应激系统或免疫系统，从而以生理性的途径破坏孩子心理健康。

1.5 抑郁预防研究①

目前，世界各国的心理健康服务都逐渐将工作重点从对心理疾病的治疗转移到预防上来，相应的实证性干预研究也越来越多，其中以抑郁预防的研究最为广泛。美国国家心理健康中心在一项战略性规划中提出：“那些细致描述认知、行为等方面易感因素是如何影响情绪障碍的发生与持续的研究有助于发展出科学有效的预防性干预措施”，而实证性干预研究可以反过来“提供一个检验各种阐述情绪障碍发生机制的理论及其相应干预思想的机会”(Insel and Nakamura，2002)。因此，实证性的预防研究必须以发展性的理论与基础研究作指导，而实证性研究的结果又可以用来对理论加以验证和完善。

大部分抑郁预防研究都以学校里的儿童和青少年为被试。究其原因，首先，在学校内收集被试和实施干预最为方便；其次，青少年阶段(特别是 13～14 岁)已经被证实是抑郁预防的关键时期(Stern，2005)。另有大型青年研究结果显示，18 岁是抑郁症发病的第一个高峰期(Hankin et al.，1998)。可见，将 18 岁之前的儿童和青少年作为预防对象将会大大降低抑郁症的发病率。

1.5.1 抑郁预防的概念与类型

预防一般被视为“在疾病初发之前的干预”(Novins and Sack，1994)。其中，是否患有疾病本来是一个两分法的类别式变量，但是出于现实的和理论上的原因，大部分的抑郁预防研究是将连续性的抑郁水平作为测评指标进行研究。事实上，从概念上来讲治疗和预防是有很大区别的，任何一个在个体已患有抑郁症后实施的干预都不能称为预防。尽管对有抑郁症病史者来说，预防抑郁症的复发也是很有价值的，但由于疾病的初发和复发之间存在不同的心理易感因素和病发过程，这里的预防概念旨在制止疾病的首次发生。

根据实施对象的不同，研究者将抑郁预防项目划分为 3 种：①通用预防，指的是对所有正常青少年样本不加选择地进行干预；②选择性预防，针对那些心理疾病易感性较强或处于上升期的青少年；③特别预防，针对那些已经呈现出抑郁症状，但还没有达到临床抑

① 该节部分内容已载于：保健医学研究与实践，2009(4)：65-69。

郁症诊断水平的人群。在有些情况下，特别预防也指选择性与特别预防相混合的干预。

一般来说，研究者首先基于自己的理论和实施对象，设计出预防项目的具体内容与形式，然后以班级或学校为单位，对在校学生进行若干次的干预(有研究最多至 16 期次)，并设控制组进行比较。预防研究至少要对被试进行 3 次以上抑郁水平的测查，即干预前的前测、干预后的即时后测、干预后一段时间的追踪测评。目前已有的抑郁预防研究追踪时间为 3 个月到 3 年不等。

Horowitz 和 Judy(2006)对之前 30 多项预防研究进行多元分析，结果表明，绝大多数抑郁预防项目在实施后的即时测评中及 6 个月后的追踪测评中都表现出轻度或中度的积极效果。其中，干预后即时测评结果显示，选择性预防比通用预防更加有效，且差异显著；特别预防也比通用预防更加有效，但差异不显著。而在日后的追踪测评中，选择性预防和特别预防的效果都显著好于通用预防。

1.5.2　抑郁预防的重点与措施

1. 消极认知

对儿童和青少年的纵向研究表明，消极的认知模式(包括低的整体自尊、消极思维方式等)可以有效预测未来抑郁水平的增长，且这些消极认知方式通常在与消极生活事件的交互作用下产生最大的影响效果。但是，也有人质疑消极认知究竟是因果关系链上的一环，还是只是抑郁的伴随症状或结果。

基于大量来自基础研究及临床治疗效果的证据，大多数抑郁预防项目中都将认知重构作为一个干预的重要一环。关于认知行为方法预防干预的研究也最为丰富。Horowitz 和 Judy(2006)的多元分析表明，30 项研究中的 19 项都将认知行为技巧作为预防项目的主要特点，包括认知重构、问题解决、自信训练、认知应对策略等。其中，8 项研究检验了由宾夕法尼亚大学研究者围绕认知方式所制订的“宾夕法尼亚抑郁预防项目”。总体而言，该项目使得青少年在干预后及干预后两年内的抑郁水平都比较低，且效果显著。Clarke 等(2001)对儿童的认知行为干预则表现出更加具有说服力的预防效果，其研究发现，相对于控制组，干预组不仅自陈抑郁水平较低，其临床抑郁症的诊出率也低于控制组。

目前，有关认知行为方法的抑郁预防研究也已经开始关注更多的问题，如这种干预措施对于哪些人才是最有效的，在哪一个年龄段的儿童最有可能从认知行为训练中受益，以及如何针对不同成长时期的儿童与青少年规划更加细腻的认知行为训练等。

2. 压力及其应对方式

已有大量经验证据表明了儿童和青少年的应激生活事件与抑郁之间的关联。其中，应激承受模型认为，体验到应激的个体比没有体验到应激的人更容易抑郁。自生应激模型则认为是抑郁的个体自身通过其行为造成了消极事件。循环模型则综合了两个模型，并强调抑郁与应激的恶性循环。

更多的预防项目关注的是压力应对的方式。首先，认知重构及问题解决训练的项目其实也包括了各种应对方式训练，其中比较明显的有：①资源性青少年项目，训练个体面对应激时的自我管理与平复情绪的技巧，同时也训练认知重构与问题解决技巧；②宾夕法尼亚抑郁预防项目，训练学生合理应对应激的情绪、认知与行为策略，包括以情绪为中心的应对方法、生成替代性选项、放松、理性预期，以及问题解决等以问题为中心的应对方式。另外，一些预防项目所涉及的应对方式训练则针对更为具体的问题，如父母离婚、父母酗酒、父母去世等，这些项目的优点在于它们满足了特殊的青少年群体的具体需要。

现有的大多数预防项目都没有将减少压力事件作为主要手段，也还没有一项青少年抑郁预防项目特别地看重自生压力事件的问题。对此，Garber(2006)认为尽管不能因为青少年遭遇的压力而去责备他们，治疗师还是应该帮助孩子们反思自身在导致消极事件中可能起到的作用并为他们提供策略，以帮助其在未来将这种自生压力事件减至最少。

3. 人际关系

人际障碍与抑郁之间的关系可能是相互作用和相互转化的。以往的纵向研究考察了家庭功能不良、亲子沟通、同伴困难及人际疏离几个因素在抑郁症状的增加和维持中所起的作用，结果显示社交问题先于当前的抑郁，抑郁又加剧了社交障碍，且人际障碍总是在抑郁症状好转之后仍然存在(Garber，2006)。

已有几种抑郁预防项目在其所有课程中包括了社交技巧的培训或者社交问题的解决成分。资源性的青少年项目(resourceful adolescent program，RAP)研究将认知行为干预与人际训练相整合，发现了干预实施后干预组与控制组的抑郁水平的显著差异。其中，人际训练部分促进了家庭和谐及心理支持网络的构建与主动寻求(Shochet et al.，2001)。类似的，宾夕法尼亚抑郁预防项目也包括了人际与认知行为的训练，有研究结果证实其具有显著的预防效果，其中的社交训练部分让孩子学习确定个人立场、获取人际信息、生成替代选项、决策及应对家庭冲突的策略(Jaycox et al.，1994)。这些证据表明，包含了人际成分的预防项目，特别是将其与认知行为训练相结合时，预防效果特别好。

另有一些青少年抑郁预防项目重点关注家庭环境，其项目内容集中于改善亲子关系，培养父母更好的教养技巧，训练父母的认知与应对技巧，为父母提供孩子正常成长的知识、情绪障碍的知识等，但其预防效果尚需进一步分析和证实。

4. 性别因素

已有调查数据表明，进入青春期之后，抑郁症在女孩中的发病率会增长到男孩发病率的2～3倍。女性因素本身就已经成为抑郁的易感因素。这可能与荷尔蒙的变化、应激的增加、人际导向的不同、多思的倾向及不同的社会体验等有关。而抑郁的预防研究则除了关注女孩的这种易感性之外，更关注预防效果的性别差异。

使用以行为理论为基础的预防干预后发现，男孩抑郁症状有短期改善，但女孩没有变化。他们认为这样一种改变机制可能与男孩自然的应对方式相适应，而不适用于女孩。另外，宾夕法尼亚大学的研究者在考察其乐观项目(Penn optimism program，POP)及提升项目(psychoeducational psychotherapy，PEP)在抑郁的通用预防中的效果时发现了类似的性别差异(Reivich，1996；Shatte，1997)。其中，POP是一个基于认知行为理论的技巧训练项目，主要通过理性化与条理化训练来处理消极情绪，它被证明对男孩有效，对女孩无效；PEP 则是通过社交训练鼓励个体与他人分享自己的感情与体验，它被证明对女孩有更好的效果。但也有研究对比了认知行为方法与人际导向预防措施发现，两种方法相对于控制组都有显著疗效，但预防效果并无显著性别差异。未来还需更多的研究来考察这一问题。

5. 抑郁症患者子女

父母患有抑郁症对其子女的抑郁症状而言是一个最大的风险因素，这种风险性既可能来自其遗传影响，也可能来自其创造的家庭环境。相比于父母正常的儿童，有抑郁症父母的儿童其情绪障碍患病率是前者的 3～4 倍，同时在其他躯体化障碍、行为与学校问题、自杀企图、药物滥用、低功能适应等方面表现出逐渐增高的易感性。因此，抑郁症患者的子女便成为选择性抑郁预防项目的重要目标人群。

Beardsle 等(1997)的研究将抑郁患者暂无抑郁症状的子女作为目标人群进行了预防研究。对控制组家庭，研究者对其进行了两次历时一小时的抑郁知识教育。而对积极干预组家庭，研究者采用心理教育技术，改善父母教养方式及家庭运作模式，教会他们关注家庭成员间的沟通和理解，介绍情绪障碍知识，并培养孩子形成有助于提高其坚韧性的行为与态度。该结果显示，相对于控制组家庭，积极干预组家庭儿童报告表现出对于父母情感障碍更好的理解及功能适应。但是，在项目实施后 18 个月以及在两年半后对儿童抑郁症状的测评中，积极干预组家庭并没有保持这种积极的预防效果。

Clarke 等(2001)则对抑郁患者子女实施了一个特别预防项目，即所选青少年样本除具有患者子女身份之外，本身都有着亚临床水平的抑郁症状。这一包括 15 次辅导的预防项目，强调用认知重构技术来矫正不现实的和消极的信念。该研究结果表明，相对于控制组，干预组的青少年在项目实施后 12 个月表现出的抑郁症状更少，且差异显著。这一效果在 18 个月后及 24 个月后的评估中仍然保持，只是差异程度减小。

另有一些关于抑郁患者子女的预防项目则采用了较为间接的策略，即努力减轻父母抑郁症状，期望通过改善父母情况来改善儿童所遭遇的抑郁患者带来的消极影响。这一策略的效果已经得到一些研究结果的初步证实(Garber，2006)。

1.5.3　需要注意的问题

首先，Gillham 等(2000)认为预防的目标是减少干预组临床诊断抑郁症的发病率，而在没有临床诊断结果的研究中，则是阻止干预组像控制组那样的抑郁水平的增长。这种预防的效果应当不仅仅限于干预后的即时测评，还应当表现在随后的追踪测评结果中。相反地，一个干预组内抑郁水平在短期内较之于初始水平的下降则应当被定义为治疗。Horowitz 和 Judy (2006)的研究总结认为，如果按照这种严格的定义，其所综述的 30 项研究中，只有一小部分长期显现和保持真正的预防效果。将来的预防研究应当更加注意这样的区分，采用更长时间的追踪研究来反复检验预防的效果。除此之外，抑郁症的发病与连续性的抑郁水平毕竟不是同一概念，未来研究也应尽可能更多地引入抑郁症发病率的指标作为参照。

其次，预防研究与实践的关键一步就是要充分了解干预对抑郁起作用的调节变量和中介变量。调节变量是指那些影响预测指标与抑郁变量的关系和（或者）方向的变量；而中介变量能够部分或者全部地解释预测变量对因变量的影响。更进一步地了解干预效果达到最佳效果时的具体情境及它们是怎么起作用的，对于干预工作的推进才是至关重要的。至今只有很少的研究涉及了中介分析，而且更少有较为积极的结果。例外的是，Seligman 等(1999)基于大学生被试的研究结果发现了一些积极的中介变量的结果。他们依据干预后及随后追踪测评结果综合报告，从干预前到干预后，归因方式、无助感和适应不良的态度的改变是预防抑郁干预的中介变量。类似的，也很少有研究考察抑郁预防干预中内在的调节变量，其中初始抑郁水平及性别是尤其值得关注的可能影响因素，但至今没有定论。

值得注意的是，目前已有的大多数抑郁预防项目都实施于中产阶级及其以上阶层的白种人样本，其普遍适用性并没有得到很好的证实。目前，只有宾夕法尼亚抑郁预防项目被实施于不同种族人群中并考察了效果，结果发现它对于拉丁裔和华裔是成功的，但对于非裔美国人是不成功的(Cardemil，2000；Yu and Seligman，2002)。这样的研究趋势值得进一步扩大和深入。除此之外，对于各种文化下固有的心理干预和心理疾病预防的有效措施，研究者也应当进行更好的挖掘、整理和验证。其中，东方人的“冥想技术”被应用于许多西方抑郁预防和治疗项目中并取得很好的效果，就是一个很好的例子(Cardemil，2000)。

最后，目前尚缺乏系统的基于抑郁易感人格的预防项目。尽管其特征中可能会包含认知易感性的一些内容，但以整体人格的角度对青少年设计和实施抑郁预防将具有不同的意义和效果。

第2章　抑郁易感人格的特征与结构

2.1　抑郁易感人格特征的探索①

2.1.1　问题提出

如前所述，西方的抑郁易感人格理论是临床心理学家基于西方文化背景，以个人咨询经验为主要根据发展和构建起来的。查阅国内相关文献，尚未见有关中国文化背景下抑郁易感人格的系统理论或构想，而更多的是照搬西方的理论和量表来解决中国人的抑郁等现实问题，这是有很大问题的。黄希庭(2007a)指出，中国化心理学研究就是要在研究中国人的心理和行为时不盲目套用其他国家(特别是西方)的现成概念、方法和理论，而是脚踏实地地考察我国人民的社会、文化、历史和其他相关背景，创造性地进行概念分析、方法设计和理论构建，从而得出符合客观实际的结论。因此，本书拟采取自下而上的方式对中国人抑郁的易感人格特征进行全面系统的探索和总结。

但是，要在现实生活中寻找"纯净的"抑郁易感个体——个体被确定为抑郁易感个体，但尚未表现出显著症状的人——并非易事。而研究某种复杂的人格现象的一种重要策略就是对具备该种人格特征的典型者进行研究，如马斯洛对自我实现者的研究及现在许多学者对各种岗位胜任力的探索性研究等。黄希庭和夏凌翔(2004)也曾通过研究典型自立者的人格特征来探讨中国人的自立问题，并认为揭示具备某种人格特征的典型者的共同特点有助于深入认识该种人格特征，甚至可以帮助发现该种人格特征的本质特点。目前，基于国内外一致的临床研究和经验，学界公认的典型抑郁易感个体主要有两类：①有抑郁症病史者，无论其是否已经康复，首先个体的抑郁症病史本身说明其具有抑郁的易感性，其次抑郁症康复者再次发生抑郁症的概率远远高于无病史者；②抑郁症患者的子女，已有大量文献表明，对于抑郁症患者的子女来说，其抑郁症的患病率是无抑郁症父母的子女的 3～4 倍(Garber，2006)。

由此，本书将抑郁症患者作为有抑郁易感人格特征的典型个体来研究。而为了获得最为真实和全面的资料，本书研究将精神科和心理科医务人员，特别是临床咨询经验丰富的医师作为调查对象。

---

① 该节部分内容已载于：中国临床心理学杂志，2012，20(4)：427-433。

2.1.2 研究方法

1. 开放式问卷调查

本书对位于宁波市、武汉市、重庆市的精神病院或精神科医生(共 17 名，其中主治医师以上职称者 9 名)和护士(共 18 名，其中护师以上级别者 10 名)进行了开放式问卷调查(有部分问卷通过网上电子邮件发放和回收)，回收有效问卷 35 份。开放式问卷的题目如下。

请您基于自己对抑郁症患者及其家人的咨询或交流经验(而非他人文献)，谈一谈：中国的抑郁症患者在病前是否存在某些典型的性格特点(而非患病后的症状)与抑郁症相关？如果有，请尽可能详细地描述这些性格特点，包括其外部行为特征和内心体验。

2. 深度访谈

在已有国内外文献及开放式问卷调查的基础上，对精神病院有多年咨询经验的 11 名医生(其中副主任医师以上级别者 8 人)进行了深度访谈(除此之外，还尝试对两名抑郁症住院病人进行了访谈，但因与患者交流困难而失败)。访谈持续时间为 40～60min，以信息饱和为标准。经受访者同意，访谈内容均以 MP3 录音记录下来。

访谈的主干题目与开放式问卷相同。同时，基于文献列出以下备选问题，以便在受访者未主动提及相关内容时，予以追问。

(1) 他们通常如何看待自己？自我价值感主要来源于哪里？

(2) 他们通常如何看待他人？

(3) 他们与他人交往和沟通的方式和程度如何？

(4) 他们通常如何看待自己的际遇？应对压力事件的方式如何？

(5) 他们通常如何处理和表达自己的积极情绪和消极情绪？

3. 内容分析

邀请 5 名精神病院心理测量室医师与本书对应课题组一起对这些开放式问卷与访谈调查结果进行初步的分类。归类采取自下而上的方式，即不事先假定任何结构，采取语义相近者归为一组的方法。该过程中要求归类要尽量细化并对极具有个人特异性的条目进行抽象和归纳，使之具有普遍的适用性。6 位分析者先独自进行分类，完成后进行集体讨论，最后就分组意见达成一致。

2.1.3 结果分析

对开放式问卷及访谈调查结果进行内容分析后得出，与抑郁症相关的中国人典型性格特点主要包括以下五大类。

(1) 对待自己的态度(386 条，24.0%)，反映个体内心狭隘，极端关注个人内心的复杂体验、需要与意愿，无法真实感受客观世界的特点。代表性条目如“自私”“自我中心”

“固执”“每个事情都应该按他的意愿来做”“内心矛盾”“容易后悔”“认为别人的命都比自己好”“常常忿忿不平”“‘想’得比较多”。

(2)对待他人的态度(392 条，24.4%)，反映个体个性要强、好与他人作比较又怕被别人比较、对他人评价反应敏感的特点。

代表性条目如“争强好胜”“什么事都要比别人强”“非常重视外界对自己的评价”“怕被人家说闲话”“受苦受穷都不怕，就要面子”“认为什么事都可以自己解决”“不愿意寻求他人帮助”等。

(3)人际沟通的方式和程度(264 条，16.5%)，反映个体防御性独处、人际关系流于肤浅和表面化、缺乏深度交流及对特定亲近的人有过度期望和依赖的特点。

代表性条目如“不善表露自我”“有什么事都喜欢藏在心里”“对外假装轻松”“外表开朗，内心不开朗”“人家对他好，可他对人家不信任”“很害怕被亲人抛弃”。

(4)人际关系的处理(223 条，13.9%)，反映个体在人际交往中胆小退缩、委曲求全、害怕直面人际矛盾和利益冲突的特点。

代表性条目如“有怒不敢言”“胆小”“易因他人改变自己的原有行动”“很顺从”“忍辱负重”“懦弱”“被动”“不敢主动追求自己想要的东西”。

(5)做事的态度(289 条，18.00%)，反映个体为人严格刻板、责任心极强、谨小慎微的特点。

代表性条目如“凡事追求完美”“循规蹈矩”“灵活性差”“做事认真刻板”“工作一丝不苟”“要做到各方面都满意”。

(6)其他(52 条，3.2%)。

2.1.4　讨论

1. 抑郁易感人格的内在和外在表现

英文中的 Personality 一词源自拉丁文的 *Persona*。*Persona* 的本意是指面具。把面具指义为人格，暗示着一个人有两面——公开可见的一面及隐藏其后而不为人知的一面。因此对人格这个概念，通常是从两个方面来定义——两者彼此不同，但又都是重要的。外在的人格是指一个人被他人知觉和描述的方式；而内在的人格则是指用来解释为什么一个人被他人认为是这样的那些内部的因素(黄希庭，2007b)。

本书通过深入访谈和开放式调查，全面了解和总结出了中国人典型抑郁易感人格的 5 个方面的特点。而在对医生访谈及对有抑郁症病史者沟通的整个过程中，作者体会最为深刻的是，中国文化背景下抑郁易感人格的特点更多不是表现在其外部可见的行为上，而在于其内心的体验方式，即内在的人格。

从表面行为模式来看，抑郁症患者在发病前确实是“性格各异”，没有什么共通之处，没有规律可循。有患者病前是一贯的“沉默寡言”“独来独往”，比较符合一般人对抑郁症患者的看法，却也有相当部分的抑郁症患者在发病前对外表现得“外向开朗”“社交广泛”，其“阳光”程度甚至比一般人更甚，以至于在他(或她)突然发病乃至采取极端做法的时候，身边的人(包括亲属)都难以理解。作者在调查过程中也遇到个别医师认为“抑郁症没有什么性格基础，什么样的人都有”。而更多、更深入的调查结果则表明，抑郁症的发病不仅有其独有的内在人格基础，而且这种内在的人格基础远比其外在的行为更加接近个体本质。

在抑郁易感5个方面的典型特点中，尤其是个体看待他人方面决定了其内在人格不可能真正地或直接地表现于外；相反，外部行为成为其掩盖甚至伪装自己内心的工具。在抑郁易感个体看来，“他人”更多扮演的是裁判和竞争者的角色，他们对“他人”的看重不在于关心“他人”的事务，而是关心“他人”是如何看待自己的，自己在哪些方面不如别人等。因此，他们表现于外的许多行为不是源于真实的内心，而是源于“他人”这个参照。

在社交方面，易感个体虽然社会交往技巧和范围各异，但由于缺乏对他人的信任，害怕“他人”看到真实的自己，他们与人交往要么是消极回避，要么是看似热络却永远流于表面，防御性、掩饰性甚至表演性极强，而难以与周围人进行深层次沟通才是其本质特点。在这里，“欺骗的假装或模仿”这个人格定义用来形容抑郁易感个体的许多外在行为表现是再恰当不过的。

而面对现实中可能发生的人际矛盾或利益冲突，由于害怕表现“失礼”，易感个体虽然内心“忿忿不平”，但多采取能忍就忍、能克制就克制的方式，在外部行为上给人的印象为“懦弱”“顺从”“不主动追求自己想要的”。同时，易感个体也可能会在长久的压抑中突然对外爆发出情绪，但随之而来的会是更多自责与后悔的情绪。

在对于自己的态度方面，易感个体片面地关注自身的需要和意愿，长期沉浸在自己深刻的内心体验之中而无暇顾及其他。这种特点对内表现为思虑重重，有想不完的心事，认为自己总是得不到应得的；对外则表现为无法客观感受周围世界，无法真正接受其他人的意见，讨厌别人打搅自己的内心世界，显得“固执己见”，也因无法真正从内心体谅到他人的感受与需要或为他人着想，显得“自私”。由此，“固执”“自我中心”成为许多抑郁易感个体的外在行为特征，却也是他们自己最不愿意承认的。

相反，易感个体在做事态度方面的人格特点却是比较直接地在行为中表现出来。一方面，他们只有“做事认真仔细”“追求完美”“严守规则”“尽职尽责”，内心才会感到真正地“安全”；另一方面，在他们看来，这些行为是“理所当然”符合社会预期的，是“绝对正确”的。

综上所述，中国的典型抑郁易感个体内心以自我为中心，行为上却过分受到外力的牵制，其内在人格和外在人格在相当程度上是矛盾的和不协调的。因此，对于抑郁易感人格的探索和调查，绝不能囿于外部行为表现，而必须深入其内心体验之中。因此，本书在选择研究对象时，将重点放在临床咨询经验较为丰富的精神科医师身上。他们在抑郁易感个体遭遇自身无法解决的抑郁情绪时以专家身份出现，并提供较为安全的沟通环境，因此最容易得到抑郁易感个体信任，也成为最能够全面了解其人格特征的人。

2. 与西方抑郁易感人格理论的比较

从本次调查的结果来看，中西方的抑郁易感人格存在相通之处，也存在不同。就西方自我批评或自主人格的相关特点，本书在中国抑郁易感个体中间也有较一致的发现。这在上述已总结的 5 个方面的特点中，特别是易感个体对待自己的态度和做事态度方面都有体现。而西方的“依赖”和“社会性依赖”概念中所描述的“个体迫切希望获得外界肯定”“对于自己的行为需要不断得到外界认可来确定”“对他人强烈的情感依附倾向”等特点也是符合许多中国抑郁易感个体的。但不同的是，中国易感个体虽然内心存在对他人裁判角色的看重，并可能在面临利益冲突时选择沉默或放弃，却不会以主动地讨好取悦或明确的要求索取为表现方式；易感个体情感依附的对象通常仅仅指向自己恋人或亲属等特定的人，外在表现方式则是“静观其变”或者“越是亲近的人，越容易对他发脾气”等。换言之，真正一贯采取如“明确要求”“取悦讨好”等外显依赖行为或者依赖对象较为广泛的个体可能并不属于抑郁易感群体。由此可以初步认为，西方的“依赖”维度在中国抑郁易感人格中体现得并不充分。

在调查过程中，作者试图了解与中国社会文化相关的抑郁易感人格特征。结果，“太要面子”是许多医师在接受调查时重复提及的抑郁易感的重要特征。乐国安(2002)认为“面子首先是个体的自我拥有、自尊的表现，然后通过与他人的互动得以实现。不管一个人的社会地位和声望有多高或多低，甚至社会地位极其低下、根本无声望，人们爱面子的心理也不会由此得到减弱。这种心理也许是中国文化传统中重伦理的渗透、维护祖宗心态的外显和追求理想人格的具体体现。”可见，“面子”是中国人非常重要的自尊来源，而这种自尊的获得又离不开“与他人的互动”和他人的看法。“过分重视面子”的中国人便自然将他人的看法甚至“可能会有的想法”视为自己个人成就感的重要来源，导致个体对自己的背离，对他人的敏感，内心的压力及外在的掩饰和防御行为随之产生。当然，这里讲到的易感人格特征强调的是过分重视面子，而中国人的面子观与抑郁等心理健康问题究竟是怎样的关系在本书中并不能体现出来。另外，需要说明的是，医师们关于抑郁易感个体“太要面子”的描述并不是单意的，其内容包括了内心争强好胜，好与他人做比较，不愿求助他人；被动退缩，害怕做错事，害怕被人说闲话；极力压抑掩饰消极情绪和“不好”的事情等。因此，该类型人格特点也并不能成为一个独立的特征，而是分散在几个方面的特征之中。

3. 问卷编制时需要注意的问题

由于本书调查的对象是医务人员而非抑郁易感者本人，更因为抑郁易感者具有敏感好胜、防御心较重等特征，在后期问卷编制的过程中就不能将调查所得出的条目直接作为自陈问卷的题项，而需要对其中的“敏感”条目进行必要的修改以使得被试更易于接受。而这个修改过程离不开抑郁易感者本身的参与。

2.1.5　小结

本书采用开放式调查法和深度访谈法，以精神科和心理科医师为主要研究对象，初步探索出中国人典型抑郁易感人格的 5 个方面的典型特征，它们分别表现在个体对待自己的态度、对待他人的态度、人际沟通方式、人际关系处理方式及做事态度 5 个方面。本书研究还发现，抑郁易感个体存在内在人格与外在人格的极度矛盾和不协调的状况，不可以简单地从外部行为特征来考察。中国人“面子观”的极端化表现是抑郁易感人格的重要内容。

2.2 抑郁易感人格问卷的编制①

2.2.1 问题提出

人格心理学研究的重要途径是将观念和假设付诸数量化说明，从而获得研究外推效度的普遍意义。研究者所关注的抑郁易感人格本身仍是一种连续性的人格，而不是抑郁症状，它在一般人群中应该是广泛存在的，只是存在程度不同而已。本书的目的便是用量化的方法为中国人抑郁的易感人格进行定义，获得一个适合于中国人的信效度较好的抑郁易感人格量表为后续探讨中国人的人格与抑郁之间的关系打下基础。

2.2.2 量表编制

1. 理论构想

基于 2.1 节的研究结论，本节提出问卷的构想维度包括如图 2-1 所示的 5 个方面。

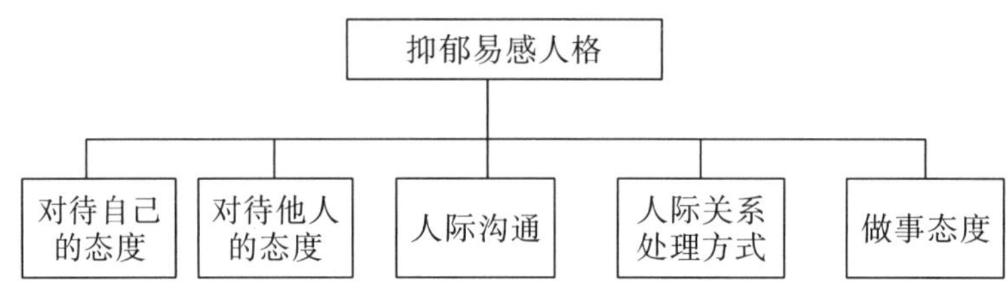

图 2-1 抑郁易感人格的五维构想

2. 题项的编制

首先，与心理测量室 5 位医师一起对本节的调查结果进行条目的整理、合并及改写。该过程包括对原始资料进行逐字逐句的阅读，以含义明确、表达简练、较好反映人格特质、较好反映理论构想、没有近似含义为标准反复删改、合并项目，删除过于特例化的条目，并将较为敏感的条目(如“固执”“自私”等)改写为被试较易接受的句子。

其次，请心理学专业的博士研究生、硕士研究生共 10 人进行项目评价。邀请 4 位有多年咨询经验，且为副主任医师以上级别的精神科医生对整理出来的条目做专家鉴定。根据他们的意见再次修改和增删项目。

最后，研究者在精神病医院门诊部坐班一个月，邀请抑郁症患者或有抑郁症病史者填写原始题项，并与之讨论其对各个题项及其表述的接受程度。该过程中，陆续邀请抑郁症患者或有病史者共 32 名，其中男性 9 名，女性 23 名。

① 该节部分内容已载于：中国临床心理学杂志，2012，20(4)：427-433。

经过反复的修改与删增，最终形成了包含 108 个题项的中国人抑郁的易感人格初测问卷(其中反向记分题 10 项，测谎题两对)。基于探索性的缘故，初测问卷题项较多。该问卷使用 Likert 五点量表，要求被试按照每个项目符合自己的程度分五级评定，1 为完全不符合，5 为完全符合。

3. 施测

由心理学专业研究生或者本书对应课题组成员组织集体施测。测试前表达知情同意，测试后致谢并提供部分反馈。

探索性因素分析被试为重庆市和宁波市两市三所大学的大学生，包含有效被试共 571 人，其中男生 255 名，女生 303 名，其余性别资料缺失。

验证性因素分析被试为两部分：首先，对重庆市、成都市两市三所大学的大学生发放问卷共 900 份，获得有效问卷 807 份，其中大一 519 人，大二 288 人；男生 322 名，女生 477 名，其余被试性别资料缺失。另外，对宁波市、武汉市、重庆市、成都市四市的有抑郁病史者(来自精神病医院住院部、门诊部或心理咨询中心的中、轻度抑郁症患者和抑郁症康复者)发放问卷 500 份，获得有效问卷 437 份，其中男性 114 名，女性 323 名，平均年龄 36.4 岁。两部分被试中，男性合计 436 名，女性合计 800 名。

4. 数据处理

用 SPSS13.0 统计分析软件进行数据管理和探索性因素分析，用 LISREL8.51 进行验证性因素分析。

5. 探索性因素分析和项目分析

本书通过 KMO 检验和 Bartlett 球形检验来考察初测问卷的因素分析的实切性。检验结果表明，KMO 的检验值为 0.894，说明样本大小适合进行因素分析；Bartlett 球形检验的卡方系数为 8417.266，显著性水平为 0.000，说明变量间存在相关性，有共享因素的可能，适宜进行因素分析。用主成分分析(principal-components analysis)法抽取公共因素，求得初始负荷矩阵，再用正交旋转(varimax rotation)法求出旋转因素负荷矩阵。根据以下标准确定因素的数目：因素的特征值(Eigenvalue)大于 1；因子解符合 Cattlell 所倡导的特征图形的陡阶检验(screen test)(图 2-2)；各因子的题目数不能低于 3 个；因素在理论上的可解释性。据此得出取 5 个因素较为合适。对问卷题项的筛选主要按照以下标准。

(1) 标准差。标准差太低通常表明观测变量中被试的反应趋同，说明该项目对个体的反应差异鉴别力较低。因此，剔除标准差低于 0.90 的题项。

(2) 题项与总分的相关太低(小于 0.20)，说明该项目与总量表所要测查的内容相关性太低，没有反映出总量表所要测查的内容，因此给予剔除。

(3) 因素负荷值。根据因素分析理论，题项的因素负荷值显示的是该项目与某公共因素的相关性，因素负荷值越大，说明该题项与公共因素的关系越密切，若某公共因素与某个题项间的相关性很低，则该因素反映的心理特质无法由此题项推知。据此将因素负荷值低于 0.30 的题项删除。

(4)共同度。在保证某特定公共因素上负荷值大的前提下，项目的共同度则反映题项对该公共因素的贡献，事实上它是各题项效度系数的估计值(项目在各个公共因素上的负荷值的平方和)，据此，将共同度低于 0.20 的题项删除。

(5)题项的多级化倾向。在几个因子上负荷值均较高的题项应给予删除。

(6)考虑题项的具体内容与含义。

这样，经过初测问卷题项的筛选得出 52 个正式题项，每个题项至少在一个因素上的载荷量大于 0.35，共同度均大于 0.20。52 个题项探索性因素分析的结果见表 2-1 和图 2-2。

表 2-1 抑郁易感人格问卷的探索性因素分析结果

	因子 1 敏感好胜		因子 2 封闭防御		因子 3 自我专注		因子 4 严谨认真		因子 5 退让顺从	
	题号	负荷	题号	负荷	题号	负荷	题号	负荷	题号	负荷
	4	0.612	53	0.667	64	0.583	108	0.622	70	0.661
	1	0.606	94	0.635	6	0.458	76	0.621	26	0.660
	67	0.568	61	0.612	80	0.458	42	0.606	72	0.656
	7	0.559	54	0.496	20	0.454	102	0.564	71	0.586
	74	0.526	79	0.484	17	0.439	98	0.557	19	0.483
	2	0.496	96	0.473	32	0.422	57	0.481	29	0.437
	13	0.487	87	0.466	83	0.416	51	0.474	28	0.373
	41	0.450	97	0.431	16	0.410	27	0.470		
	68	0.444	100	0.423	93	0.410	63	0.409		
	85	0.414	5	0.422	86	0.400	58	0.366		
	14	0.390	44	0.410	34	0.387				
	25	0.383	92	0.385						
特征值	3.978		3.712		3.412		3.402		3.341	
贡献率/%	7.65		7.14		6.56		6.54		6.43	

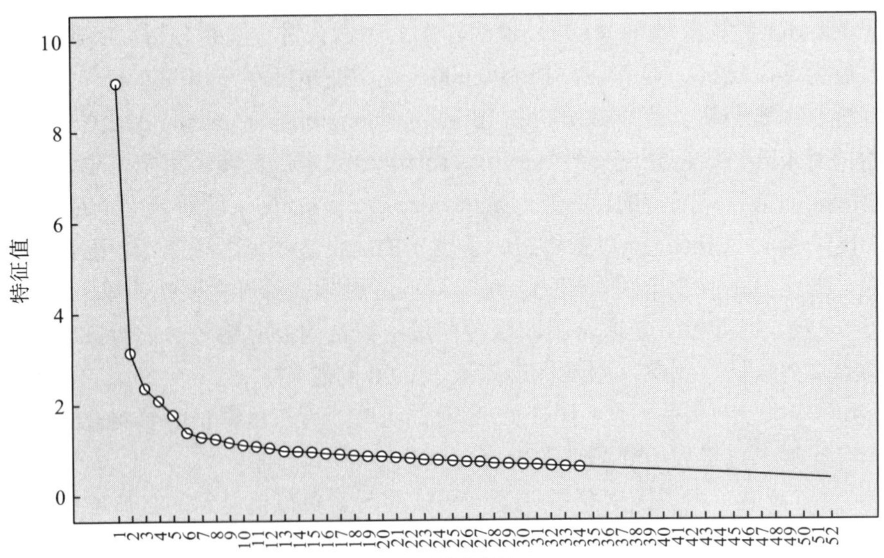

图 2-2 抑郁易感人格的因素分析图

由表 2-1 可知，5 个因子共解释总方差的 34.32%，对比国外同类型量表的情况，该结果比较适当。因素的命名遵循两条原则：一是参照理论模型的构想维度命名，看该因素的题项主要来自根据理论构想模型编制的初测问卷的哪个维度，哪个维度贡献的题项多就以哪个构想维度命名；二是参照因素题项的负荷值命名，一般根据负荷值较高的题项所隐含的意义来命名。因此将 5 个因素分别命名如下：①敏感好胜，对应理论构想中对他人的态度方面；②封闭防御，对应人际沟通方式和程度方面；③自我专注，对应对待自己的态度方面；④严谨认真，对应做事态度方面；⑤退让顺从，对应人际关系处理方面。探索性因素分析的结果基本符合理论构想。

6. 验证性因素分析与最终题项的确定

验证性因素分析数据来源中，对大学生被试部分，本书对应课题组组织集体施测；对有抑郁症病史者，由本书对应课题组或委托医生陆续进行发放和回收工作。施测者测试前表达知情同意，测试后致谢并提供部分反馈。数据经录入后，采用 SPSS13.0 和 LISREL8.51 统计分析软件进行数据分析。

首先，对大学生被试，以 52 个题项问卷的数据进行验证性因素分析，根据修正指数(modification indices)、因素负荷等指标与原则，并考虑题项具体内容与含义，删除 3 个题项，最后确定的《抑郁易感人格问卷》正式题项为 49 个。5 个因素依次包含 11 个题项、12 个题项、9 个题项、10 个题项、7 个题项。

从各因素之间的相关性分析(表 2-2)来看，某些因素间的相关性较高。为了进一步验证问卷的结构效度，根据各因素的相关性及其意义，本书另设了 3 个原构想模型的放宽模型以进行比较：①单因素模型，所有因素合并；②双因素模型，因素 1、2、3、5 合并为一个因素；③四因素模型，因素 1、3 合并为一个因素。这 4 个模型的拟合指数见表 2-3。

表 2-2　抑郁易感人格问卷各因素间的相关性

因素	1. 敏感好胜	2. 封闭防御	3. 自我专注	4. 严谨认真	5. 退让顺从
1. 敏感好胜	1.00				
2. 封闭防御	0.449**	1.00			
3. 自我专注	0.608**	0.497**	1.00		
4. 严谨认真	0.283**	0.243**	0.162**	1.00	
5. 退让顺从	0.472**	0.437**	0.370**	0.209**	1.00

注：*表示 $p<0.05$，**表示 $p<0.01$，***表示 $p<0.001$，下同。

表 2-3　各模型的拟合指数

模型	χ^2	df	χ^2/df	NFI	NNFI	CFI	RMSEA	减少 χ^2	减少的 df
单因素	4384.41	1127	3.89	0.80	0.84	0.84	0.076		
双因素	4301.31	1126	3.82	0.81	0.84	0.85	0.074	83.1	1
四因素	3246.52	1121	2.90	0.85	0.89	0.90	0.054	1054.79	5
五因素	3151.21	1117	2.82	0.86	0.90	0.90	0.051	95.31	4

其中，从四因素模型到五因素模型，牺牲了 4 个自由度，但χ^2减少了 95.31，大于 13.3（df=4，α=0.01 时χ^2的临界值），因此是可以接受的。综合其他拟合指数的变化可以得出，五因素模型更符合数据。

以上验证性因素分析结果是只对一般大学生被试作出的，为了进一步验证该五因素模型，特别是考察有抑郁症病史者的抑郁易感人格结构的一致性，对大学生、有抑郁症病史者的数据进行多组验证性因素分析。对比一般大学生样本的五因素模型验证结果（表 2-3），对大学生被试和抑郁症病史被试的多组验证性因素分析的拟合指数分析结果见表 2-4。其中，Md 是对有抑郁症病史者样本的单独估计，M1 表示设置两组模型形态相同，M2 表示设置两组模型形态相同，且因素负荷相同。

表 2-4　对大学生被试和抑郁症病史被试的多组验证性因素分析的拟合指数

模型	χ^2	df	χ^2/df	NFI	NNFI	CFI	RMSEA
Md	2534.74	1117	2.27	0.85	0.90	0.91	0.057
M1	5685.95	2234	2.53	0.85	0.90	0.90	0.053
M2	5722.38	2283	2.51	0.85	0.89	0.90	0.053

从表 2-4 可以看出，模型 Md 的各项拟合指数也基本达到了通行的标准要求，表明该模型对于有抑郁症病史者也适合。考察 M1、M2 模型拟合结果可知，拟合指数并没有明显变差，表明该五因素模型在两组被试中的因素负荷也等同。由此，最终形成的《抑郁易感人格问卷》包含 5 个维度，49 个正式题项。

7. 信度与效度

1）信度

本书采用 Cronbach's α 系数、Guttman 分半信度和重测信度（被试样本为 101 名大学生，时间间隔为 4 周）作为信度指标，对问卷进行信度检验。从表 2-5 的分析结果可知，问卷总体和五维度的Cronbach's α 系数为0.588～0.887，Guttman 分半信度为0.619～0.790，重测信度为 0.636～0.816，说明问卷具有良好的信度。

表 2-5　抑郁易感人格问卷的信度系数

维度	Cronbach's α 系数	Guttman 分半信度	重测信度
敏感好胜	0.789	0.765	0.816
封闭防御	0.753	0.724	0.745
自我专注	0.708	0.620	0.712
严谨认真	0.714	0.746	0.734
退让顺从	0.588	0.619	0.636
问卷总体	0.887	0.790	0.812

2) 效度

(1) 内容效度，构念效度。从上述对编制过程的研究中可以看出，量表项目是基于自下而上的、深入细致的调查(包括开放式问卷调查和深度访谈)形成理论假设并编制题项的，同时也研究对比参考了国内外相关文献和量表。题项是依据多方意见，经过多次反复论证和筛选而来，因此内容效度可以得到保证。此外，从探索性因素和验证性因素分析的结果可以看出，有关结果已经检验了量表编制所依据的理论构想，其他一些理论假设也被初步验证，因此该量表的构念效度也是有保障的。

(2) 效标效度。效标效度通过比较有抑郁症病史者与无抑郁症病史者在问卷上的得分而获得。其中，有抑郁症病史者 101 人，男性 33 名，女性 68 名；最小年龄者 15 岁，最大年龄者 78 岁，平均年龄 40.71 岁(标准差为 15.77 岁)；由于未找到足够数量年龄段相匹配且无抑郁症病史的个体，本节中的对照组为自陈无抑郁症病史的大学生 213 名，其中男性 97 名，女性 116 名，平均年龄 20.60 岁。作者在指导语中及施测时，均强调被试需按自己长期一贯的性格特点和内心体验来填写。t 检验的结果见表 2-6。

表 2-6　有抑郁症病史者与无抑郁症病史者在抑郁易感人格问卷上得分的差异检验

因素	有抑郁症病史者(Mean)	无抑郁症病史者(Mean)	t
抑郁易感人格总体	3.162±0.527	2.925±0.396	5.256**
F1 敏感好胜	3.235±0.760	3.019±0.599	3.200**
F2 封闭防御	3.091±0.664	2.869±0.579	3.468**
F3 自我专注	2.787±0.728	2.552±0.502	4.009**
F4 严谨认真	3.484±0.627	3.222±0.539	4.388**
F5 退让顺从	3.289±0.648	3.019±0.610	4.061**

由此可见，有抑郁症病史者不论是在问卷总体上，还是在各维度得分上都显著高于无抑郁症病史者，证明问卷可以有效区分抑郁易感群体与非易感群体，具有较好的效标效度。

2.2.3　结果分析

1. 大学生(学校类型、性别)

对所有大学生被试使用方差分析考察其性别和学校类型(一般本科院校、省级重点院校、国家级重点院校)的差异。大学生抑郁易感人格的类型差异方差分析统计结果见表 2-7。

表 2-7　大学生抑郁易感人格的类型差异(F 值)统计结果

维度	性别	学校类型	性别×学校类型
敏感好胜	2.409	5.794**	2.860
封闭防御	15.413**	21.113**	0.620

续表

维度	性别	学校类型	性别×学校类型
自我专注	0.460	38.789**	0.035
严谨认真	1.081	9.938**	2.558
退让顺从	0.337	10.326**	0.512
总体	1.853	13.677**	1.742

结果显示，学校类型在问卷总体及所有维度上的主效应显著，而性别在封闭防御维度上的主效应显著。对差异显著的主效应做进一步多重比较分析，结果见表 2-8 和表 2-9。

表 2-8　大学生抑郁易感人格的性别差异多重比较表

维度	男	女	LSD
	M±SD	M±SD	
封闭防御	2.787±0.024	2.591±0.044	女＜男

注：因封闭防御之外其他几个维度在性别上无显著差异，不需要再分析。

表 2-9　大学生抑郁易感人格的学校类型差异多重比较表

维度	1 一般本科	2 省级重点	3 国家重点	LSD
	M±SD	M±SD	M±SD	
敏感好胜	2.763±0.069	3.009±0.025	2.999±0.026	1＜2；1＜3
封闭防御	2.444±0.066	2.874±0.024	2.749±0.025	1＜3＜2
自我专注	2.119±0.059	2.553±0.021	2.341±0.022	1＜3＜2
严谨认真	3.251±0.062	3.223±0.022	3.364±0.023	2＜3
退让顺从	2.843±0.068	3.025±0.024	3.134±0.025	1＜2＜3
总体	2.669±0.046	2.924±0.017	2.901±0.017	1＜2，1＜3

2. 有抑郁症病史者(性别)

对所有有抑郁症病史的被试(男性 33 人，女性 68 人，共 101 人)做性别差异的考察，结果也只在封闭防御维度上差异显著，但结果与大学生相反，具体见表 2-10。

表 2-10　有抑郁症病史者的抑郁易感人格的性别差异分析

维度	男	女	LSD
	M±SD	M±SD	
封闭防御	3.088±0.716	3.094±0.644	男＜女

2.2.4　讨论

1. 抑郁易感人格问卷的有效性

问卷基于国内外相关文献及自下而上的深入调查形成理论构想和初始题项，问卷题项的编制过程严谨，并充分考虑调查对象的特殊性对题项进行了修缮，数据结构合理，各方面的程序都遵循了心理测量学的规范要求，为保证测量的质量奠定了基础。而项目分析、因素分析和验证性因素分析、因子相关矩阵、各种效度的数据则从不同角度支持问卷的有效性。

特别是，间隔 4 周所得出的问卷总体及各维度较高的重测信度，从一定程度上证实了问卷是对稳定人格(而非对于抑郁症状)的测量这一关键性问题。检验效标效度的结果则确保了另一关键性问题，即该问卷可以有效区分抑郁的高易感和低易感群体，但不足之处在于两组被试的年龄因素没有平衡。

2. 抑郁易感人格的性别差异

如前所述，西方的抑郁易感人格理论在提出之时，便假设女性趋向于人际关系取向，因此更多地表现为“依赖”或“社会性依赖”；而男性趋向于个人成就取向，因而更多地表现为“自主”。本书在提出理论构想时未做类似假设，而从大学生被试的分析结果来看，中国人在抑郁易感人格特征上的性别差异主要体现在封闭防御维度上。这也比较符合传统的看法，即中国女性比男性更善于真实地表露自我，与友人的沟通程度也更深。王登峰和崔红(2005)的研究也表明，在中国人的大七人格中，女性在善良和人际关系两个维度上的得分均高于男性，具体表现为女性比男性更加友好、坦诚等。而对有抑郁症病史者的性别差异考察结果与之相反，即女性的封闭防御得分显著高于男性，说明封闭防御的特征对于女性心理的消极影响要大于对男性的影响。而这种影响既可能是直接产生的，也可能是由于社会期许的介入而产生的。未来还需要进一步研究来确认中国文化背景下抑郁易感人格的性别差异及各维度对抑郁影响效果的性别差异。

2.2.5　小结

本书编制出了抑郁易感人格问卷，包含了敏感好胜、封闭防御、自我专注、严谨认真和退让顺从 5 个维度，共 49 个正式题项。本节内容分析及题项分数、因子之间相关、重测、效标检验等数量化方法均支持该问卷的信效度，说明问卷具有良好的测量学特征，为进一步研究中国人的人格与抑郁的关系提供了有效的测量工具。

2.3　抑郁易感人格与大五人格的关系

2.3.1　问题提出

大五人格是目前国内外最被广泛接纳的人格模型，五因素取向人格测验是目前评价个体人格特质时被广泛应用的一般人格测验工具(陈基越等，2015)。尽管存在争议，但在过去几十年，大五人格结构模型得到了大量跨文化研究的支持，并被人格心理学家普遍认可。

在前人的研究中，大五人格维度中的神经质被认为与抑郁的关系最密切。神经质反映个体情感调节过程，反映个体体验消极情绪的倾向和情绪的不稳定性。高神经质个体倾向于有心理压力、不现实的想法、过多的要求和冲动，更容易体验到愤怒、焦虑、抑郁等消极的情绪。国内姚树桥等(2009)的研究也发现，在对大学生一年的追踪调查中，神经质能预测抑郁症状的变化。神经质在日常应激和抑郁症状的关系中起调节作用，是抑郁症状的易感人格因素。大五人格中的外向性与抑郁呈负相关关系。具体而言，外向性与轻度抑郁症的相关性更显著，与重度抑郁症的相关性较低(Klein et al.，2011)。

尽管大五人格作为一般人格模型无法完整描述和解释全部抑郁易感人格，但对两个量表同时进行测量和分析，对于了解抑郁易感人格与一般人格间的关系极具启发意义。如前所述，西方抑郁易感人格中的两维度都被证明与神经质显著正相关，与其他维度呈现不同程度的相关。本书拟考察分析，中国文化背景下抑郁易感人格五维度分别与大五人格五维度的相关关系，这将有助于我们从一般人格的角度进一步分析理解抑郁易感人格的特征和结构。

2.3.2 研究方法

1. 工具

(1)抑郁易感人格问卷。

(2)五因素人格问卷(NEO five factor inventory，NEO-FFI)。该问卷是大五人格问卷NEO-PI 的简化版，特点是简明而有效。相应量表由神经质、外向性、尽责性、宜人性和开放性 5 个维度组成，每个维度由 NEO-PI 中在各因子上负荷最大的 12 个题项构成，共有 60 个项目，每个项目有 5 个等级，从“完全不符合”到“完全符合”。该问卷在中国大学生群体测试中表现出较好的信度和结构效度(姚若松和梁乐瑶，2010)。在本次施测中，其神经质、外向性、尽责性、宜人性和开放性 5 个因子的内部一致性信度分别为 0.77、0.74、0.70、0.67、0.59。

2. 被试

对某师范类大学在校大二学生采取整群抽样法，施测被试 270 人，收回有效问卷 258 份，其中男生 62 人，女生 196 人。

3. 施测与统计

作者在公共心理学课上对学生组织团体施测，向被试集体发放问卷。数据录入SPSS19.0 统计分析软件进行统计。

2.3.3 结果分析

1. 相关分析

由表 2-11 的相关分析可知，敏感好胜维度与神经质呈显著的正相关关系，与外向性、宜人性呈现显著的负相关关系；封闭防御维度与神经质呈正相关关系，与外向性、宜人性、尽责性均呈现显著的负相关关系；自我专注维度与神经质呈显著的正相关关系，与外向性、宜人性、尽责性均呈现显著的负相关关系；严谨认真维度与神经质、宜人性、尽责性、开放性均呈显著的正相关关系；退让顺从维度与神经质呈显著的正相关关系，而与外向性、尽责性均呈现显著的负相关关系。由此可见，神经质与抑郁易感人格诸维度之间有着最为一致且显著的关联，而开放性与之的相关性最低。

表 2-11　抑郁易感人格与大五人格的相关分析

维度	神经质	外向性	宜人性	尽责性	开放性
敏感好胜	0.700**	−0.152*	−0.153*	−0.019	0.069
封闭防御	0.229**	−0.377**	−0.301**	−0.104*	−0.003
自我专注	0.477**	−0.147*	−0.404**	−0.193**	−0.058
严谨认真	0.209**	−0.074	0.107**	0.492**	0.167**
退让顺从	0.481**	−0.247**	-0.011	−0.185**	−0.013

2. 回归分析

使用回归分析考察每个抑郁易感人格对大五人格的回归，进一步分析二者之前的关系，自变量以逐步方式代入，结果见表 2-12。回归分析结果表明，在敏感好胜维度上，神经质具有最强的正向预测作用；封闭防御维度上，外向性、宜人性具有较强的预测作用，且均为负向预测；在自我专注维度上，神经质、宜人性具有较强的预测作用，其中宜人性为负向预测；在严谨认真维度上，尽责性、神经质均具有较强的正向预测作用；在退让顺从维度上，神经质、尽责性具有较强的预测作用，其中尽责性为负向预测。

表 2-12　抑郁易感人格与大五人格的回归分析

维度	进入顺序	R	调整 R^2	R^2 变化	F	Beta	t
敏感好胜	神经质	0.700	0.489		246.594***	0.705	15.703***
封闭防御	外向性	0.377	0.139		42.509***	−0.350	−6.210***
	宜人性	0.458	0.204	0.065	33.910***	−0.298	−4.674***
自我专注	神经质	0.477	0.225		75.503***	0.374	7.610***
	宜人性	0.564	0.313	0.088	59.478***	−0.373	−5.812***
严谨认真	尽责性	0.492	0.240		81.941***	0.589	10.341***
	神经质	0.571	0.321	0.081	61.701***	0.228	5.626***
退让顺从	神经质	0.481	0.228		77.102***	0.470	8.407***
	尽责性	0.494	0.238	0.010	41.117***	−0.160	−2.044**

2.3.4 讨论

本书以大五人格为参照，通过相关分析和回归分析描述了中国文化背景下抑郁易感人格与一般人格的关系。结果表明，在中国文化下，神经质仍然与抑郁易感人格有较大的关联，但具体不同易感维度在大五人格结构中又呈现出各自的特点。其中，神经质可以较大程度地描述敏感好胜维度，当然它无法精细描述其中“好比较”又“怕被比较”的特点；封闭防御则更大程度地被大五人格描述为低外向性和低宜人性，比较符合该维度所包含的个体人际沟通方式和程度的特征；自我专注则被描述为高神经质、低宜人性，但它无法描述其复杂的内心体验，尤其是对自身需要与意愿的片面关注；严谨认真被解释为高尽责性、高神经质，也比较符合预期，但也不能简单地将其理解为尽责性的极端化；退让顺从则被描述为高神经质、低尽责性，反映出具有该特征个体在情绪稳定性及在胜任、条理、尽职、成就等方面表现不佳。但是，大五人格无法精细描述该维度中委曲求全、逆来顺受的核心特点。

需要注意的是，关于一般人格，我国研究者自 1990 年就开始探索建构符合中国本土文化和国情的人格测验工具——《中国人个性测量表》。后来，研究者进一步归纳总结提出了中国人人格结构的六因素假说(宋维真等，1993；张建新和周明洁，2006)。王登峰和崔红(2008)依据词汇学方法，根据中文人格特质形容词进行因素分析获得了中国人人格七因素结构，7 个因素分别为外向性、行事风格、善良、才干、人际关系、情绪性和处世态度，并包含 15 个次级因素。国内研究者陈基越等(2015)认为，相比于西方的五因素取向人格测验，中国学者编制的人格测验除具有良好的测量学属性之外，更具有中国本土文化特点，能够更好地测查中国人所特有的人格特质。因此，未来进一步以这些本土化模型和测量工具为参照，考察中国人一般人格与抑郁易感人格之间的关系具有较大意义。

2.3.5 结论

大五人格中的神经质与中国文化背景下青少年大学生抑郁易感人格诸维度均呈现显著的相关性；神经质、外向性、宜人性和尽责性分别对抑郁易感人格五维度有不同程度的预测作用；开放性则与抑郁易感人格相关性较低。

第3章 抑郁易感人格的影响

3.1 对抑郁的影响及机制[①]

3.1.1 问题提出

对于抑郁易感性的考察方式，一般来讲有两种。一种是采用横向比较的方法，即比较易感个体与非易感个体在假定易感因素上的差异，其关键性问题在于易感人群的选取。国外研究较多选取抑郁症患者、抑郁症康复者作为高易感组(Wenzlaff，1998；Ingram，2000；Timbremont and Braet，2004)，而近年来有越来越多的研究(Tomarken et al.，2004； Zhang et al.，2007)将抑郁症患者的青少年子女作为高易感组来比较，以排除抑郁症症状及抑郁症治愈后"疤痕"的影响。这种考察方式形式简单，操作较容易，但终究难以克服已有病史或家族病史等重要无关变量的影响，不能清楚说明假定易感变量的作用机制。Coyne和Whiffen(1995)就强调，对于各类基于临床患者而形成的易感测量工具来说，它们急需来自一般正常人的数据来验证和考察。

另一种研究模式是采用纵向追踪的方法，即检验某种假定的易感因素在未来对于个体抑郁症状或者抑郁症患病率的预测效果。该方法基于易感性-压力模型理论，强调的是易感因素与应激的交互作用对抑郁的影响。由于若使用抑郁症患病率作为抑郁的指标，将需要采用严格的临床访谈诊断标准及更长时间的追踪观测，耗费成本太高，更多的研究是将一般抑郁情绪水平这个连续变量作为抑郁的指标来进行分析。本书拟利用后一种方法，考察中国文化背景下抑郁易感人格及其与应激的交互作用对普通大学生抑郁水平的预测情况。

如前所述，在易感人格与抑郁的关系之中，人际关系可能起到关键性的作用，Coyne的人际情境理论和 Hammen 的自生压力理论都强调了这一点。因此，基于以往的大量研究(郭文斌等，2003；林初锐等，2004；叶俊杰，2006)结果，本书选取能够反映个体人际关系的重要指标——领悟社会支持，来部分地考察人际关系在人格对抑郁影响之中所起到的作用。同时本书也将考察易感人格对生活应激可能的影响。

综上所述，本书假设中国文化背景下抑郁易感人格与应激的交互作用能够有效预测一般大学生未来抑郁水平的变化，而领悟社会支持在其间发挥重要作用。

---

① 该节部分内容已载于：中国临床心理学杂志，2012，20(4)：427-433。

3.1.2 研究方法

1. 测量工具

(1) 抑郁易感人格问卷。

(2) 青少年生活应激事件量表(adolescent self-rating life events check list，ASLEC)。该量表是刘贤臣在综括国内外文献的基础上，结合青少年的生理、心理特点和所扮演的家庭与社会角色，于 1987 年编制的，经过对 1473 名中学生的施测和分析，该量表被证明有较好的信度和效度(汪向东等，1999)。量表根据事件发生后的心理感受进行评定，共包括 27 个题项，涉及人际关系、学习压力、受惩罚、丧失、健康适应及其他 6 个方面的常见负性生活事件，得分越高表明应激水平越高。本书要求被试根据最近一个月内的情况填写，该量表内部一致性系数为 0.867。

(3) 流调中心用抑郁量表(center for epidemiologic studies depression scale，CES-D)。该量表由美国的 Radioff 于 1977 年编制，是特别为评价当前抑郁症状的频度而设计的，着重于抑郁情感或心境，试图用于不同时间点断面调查结果的对比(汪向东等，1999)。该量表共有 20 个题项，其中反向计分题项为 3 个，分别反映了抑郁状态的 6 个侧面：抑郁心情、罪恶感和无价值感、无助与无望感、精神运动性迟滞、食欲丧失、睡眠障碍。为自评量表，要求被试说明一周内相应症状或感觉出现的频度。答案包括没有或很少有(少于 1 天)、有时或小部分时间(1～2 天)、时常或 1/2 的时间(3～4 天)、绝大多数或全部时间(5～7 天)，评分为 4 级评分(1～4)。所有题项计分之和即为量表总分，分数越高表示抑郁程度越高。目前，该量表被广泛地应用于国内流行病学调查和心理学研究之中。本书研究中，该量表的克隆巴赫 α 系数为 0.739。

(4) 领悟社会支持量表(perceived social support scale，PSSS)。该量表由 Zimet 等编制，是一种强调个体自我理解和自我感受的社会支持量表，分别测定个体领悟到的来自各种社会支持源(如家庭、朋友和其他人)的支持程度。在国内，由姜乾金等对其进行了修订，因素分析显示题项包含家庭内支持(4 个题项，如在需要时我能够从家庭获得情感上的帮助和支持)和家庭外支持(8 个题项，如我的朋友们能与我分享快乐与忧伤)两个维度(汪向东等，1999)。本书研究中，该量表的克隆巴赫 α 系数为 0.890。

2. 被试情况

来自两所大学的大一新生被试共 419 人。实际完成了两次测验的有效被试共 308 人，其中男生 166 名，女生 139 名，其余被试性别资料缺失。

3. 程序

采取团体施测的方式。所有新生被试在开学伊始，完成《抑郁易感人格问卷》、ASLEC、CES-D 3 套问卷；3 个月后，同批被试再次完成 CES-D、ASLEC，并完成 PSSS。

3.1.3　结果分析

1. 相关性分析

由表 3-1 的相关性分析可知，除严谨认真因素之外，易感人格总体及其各维度均与两次测得的抑郁水平呈显著的正相关关系，与领悟社会支持呈显著的负相关关系。严谨认真与抑郁水平和领悟社会支持均不相关。易感人格总体上来说与应激相关性不高。两次应激水平分别与两次抑郁的相关性和偏相关性均显著。领悟社会支持与抑郁呈现显著的负相关关系。

表 3-1　抑郁易感人格、领悟社会支持、应激与抑郁的相关性分析

因素	抑郁 1	领悟社会支持	应激 2	抑郁 2（偏相关性）
抑郁易感人格总体	0.601**	−0.277**	0.103	0.152**
敏感好胜	0.591**	−0.207**	0.141*	0.197**
封闭防御	0.530**	−0.348**	0.022	0.064
自我专注	0.548**	−0.251**	0.112	0.139*
严谨认真	0.044	0.045	−0.023	0.000
退让顺从	0.420**	−0.217**	0.130*	0.112*
领悟社会支持			-0.021	−0.222**
应激（1，2）	0.348**			0.264**

注：*表示 $p<0.05$，**表示 $p<0.01$，***表示 $p<0.001$，下同。

2. 抑郁易感人格、社会支持及其与应激的交互作用对抑郁的预测

为了清晰地说明各易感人格因素及其与应激的交互作用对抑郁的影响，并控制初始抑郁水平的影响，本书采用层次回归分析（hierarchical multiple regression）的方法。其中，对于交互效应的考察，事实上就是对调节效应的考察，二者从统计分析的角度看可以说是一样的。不同的是，在交互效应分析中，两个自变量的地位可以是对称的，其中任何一个都可以解释为调节变量；也可以是不对称的，只要其中有一个起到了调节变量的作用，交互效应就存在（温忠麟等，2005）。

具体做法如下：以第二次测得的抑郁水平作为因变量，对各自的变量进行中心化处理后，先将初测抑郁水平代入方程第一层（控制），再分别将各个易感因素与第二次测得的应激（主效应）代入第二层，最后将各因素与应激的交互作用代入第三层；自变量进入模型的方法采用逐步回归。其统计结果见表 3-2。

表 3-2　抑郁易感人格总体、各维度及其与应激的交互作用分别与抑郁的回归分析

因素	进入顺序	R	R^2	R^2变化	F变化	Beta	t
回归 1 敏感好胜	1. 初始抑郁水平	0.564	0.318		135.574**	0.405	7.073**
	2. 应激	0.605	0.365	0.048	21.766**	0.227	4.859**
	敏感好胜	0.625	0.390	0.025	11.749**	0.201	3.531**
	3. 敏感好胜×应激	0.633	0.400	0.010	4.845*	0.101	2.201*
回归 2 封闭防御	1. 初始抑郁水平	0.564	0.318		135.574**	0.514	10.960**
	2. 应激	0.605	0.365	0.048	21.766**	0.255	5.309**
	3. 封闭防御×应激	0.621	0.386	0.020	9.510**	0.146	3.084**
回归 3 自我专注	1. 初始抑郁水平	0.564	0.318		135.574**	0.459	8.215**
	2. 应激	0.605	0.365	0.048	21.766**	0.218	4.632**
	自我专注	0.614	0.377	0.011	5.134*	0.126	2.266*
回归 4 严谨认真	1. 初始抑郁水平	0.564	0.318		135.574**	0.527	11.248**
	2. 应激	0.605	0.365	0.048	21.766**	0.250	5.204**
	3. 严谨认真×应激	0.618	0.382	0.017	7.740**	0.132	2.782**
回归 5 退让顺从(该维度强迫进入后边缘显著，p=0.08)	1. 初始抑郁水平	0.564	0.318		135.574**	0.490**	9.446**
	2. 应激	0.610	0.372	0.054	12.447**	0.216**	4.556**
	退让顺从					0.090	1.726
回归 6 抑郁易感人格总体	1. 初始抑郁水平	0.564	0.318		135.574**	0.430	7.405**
	2. 应激	0.605	0.365	0.048	21.766**	0.245	5.174**
	人格总体	0.617	0.381	0.015	7.094**	0.149	2.595**
	3. 人格总体×应激	0.628	0.394	0.013	6.332*	0.118	2.516*

由分析结果可知，在控制了初始抑郁水平后，抑郁易感人格总体及其与应激的交互效应对抑郁有显著的正向预测作用。其中，敏感好胜的主效应及其与应激的交互效应均正向显著影响抑郁；封闭防御因素与应激的交互效应正向显著影响抑郁；自我专注只有主效应正向显著影响抑郁；严谨认真虽与抑郁没有直接相关性，但其与应激的交互作用却对抑郁有显著的正向预测效果；退让顺从虽与两次抑郁水平均有显著的相关性，但只有主效应对抑郁的影响呈现边缘显著。

为了筛选对抑郁最有效力的因子，将各维度及其与应激的交互作用代入同一层次的回归方程中，采用逐步回归，抑郁易感人格五维度及其与应激的交互作用共同与抑郁的回归分析结果见表 3-3。由表 3-3 可知，在易感人格诸因子中，敏感好胜的主效应及封闭防御与应激的交互作用对抑郁最有预测效力。

表 3-3　抑郁易感人格五维度及其与应激的交互作用共同与抑郁的回归分析

进入顺序	R	R^2	R^2 变化	F 变化	Beta	t
1. 初始抑郁水平	0.564	0.318		135.574**	0.400	7.032**
2. 应激	0.605	0.365	0.048	21.765**	0.247	5.237**
敏感好胜	0.625	0.390	0.025	11.749**	0.193	3.415**
3. 封闭防御×应激	0.640	0.410	0.019	9.430**	0.143	3.071**

另外，考察领悟社会支持及其与应激的交互作用对抑郁的影响作用，领悟社会支持及其与应激的交互作用与抑郁的回归分析结果见表 3-4。由分析结果可知，领悟社会支持及其与应激的交互作用均对抑郁有着较强的负向影响作用。

表 3-4　领悟社会支持及其与应激的交互作用与抑郁的回归分析

进入顺序	R	R^2	R^2 变化	F 变化	Beta	t
1. 初始抑郁水平	0.563	0.317		134.453**	0.455	9.479**
2. 应激	0.603	0.364	0.047	21.324**	0.277	5.788**
领悟社会支持	0.627	0.394	0.030	14.172**	−0.170	−3.615**
3. 领悟社会支持×应激	0.646	0.417	0.023	11.550**	−0.162	−3.398**

3. 抑郁易感人格对应激、领悟社会支持的影响及领悟社会支持的作用

1）抑郁易感人格对应激的影响

采用逐步回归分析法考察易感人格对应激的影响，分析结果表明，易感人格及其各维度均未进入回归模型，显示本次调查中，易感人格对于应激水平无显著影响。

2）抑郁易感人格对社会支持的影响

采用回归分析分别考察抑郁易感人格各维度（基于相关分析结果，仅考察敏感好胜、封闭防御、自我专注和退让顺从 4 个维度）对社会支持的影响，抑郁易感人格四维度分别与领悟社会支持的回归分析统计结果见表 3-5。

表 3-5　抑郁易感人格四维度分别与领悟社会支持的回归分析

模型	维度	R	R^2	调整 R^2	Beta	t
1	敏感好胜	0.207	0.043	0.040	−0.207	−3.700**
2	封闭防御	0.348	0.121	0.118	−0.348	−6.479**
3	自我专注	0.251	0.063	0.060	−0.251	−4.525**
4	退让顺从	0.217	0.047	0.044	−0.217	−3.878**

结果显示，4 个易感人格维度对于领悟社会支持均有显著的负向影响作用。考虑到之前的分析结果，即社会支持及其与应激的交互作用对于抑郁也有显著的影响作用，可以认为，领悟社会支持至少在抑郁易感人格与抑郁之间起到部分的中介作用。

3) 领悟社会支持在人格对抑郁的影响中所起的作用

为了进一步考察领悟社会支持在抑郁易感人格对抑郁影响中所起的中介作用，再次使用层次回归分析法进行分析，具体做法如下：把第二次测得的抑郁水平作为因变量，先将初测抑郁水平、领悟社会支持、应激水平三者共同代入方程第一层(控制)；各个易感人格因素分别进入第二层；社会支持与应激的交互作用代入第三层(控制)；各易感人格因素与应激的交互作用分别代入第四层。自变量进入模型的方法采用逐步回归法。对各自的变量进行中心化处理后，统计结果表明，除敏感好胜因素依然进入回归方程(表 3-6)外，其余 3 个易感人格因素及其与应激的交互作用均未进入回归方程。

表 3-6　敏感好胜、领悟社会支持及其与应激的交互作用与抑郁的回归分析

进入顺序	R	R^2	R^2 变化	F 变化	Beta	t
1. 初始抑郁水平	0.563	0.317		134.453**	0.364	6.396**
应激	0.603	0.364	0.047	21.324**	0.265	5.573**
领悟社会支持	0.627	0.394	0.030	14.172**	−0.164	−3.520**
2. 敏感好胜	0.645	0.416	0.022	10.889**	0.161	2.851**
3. 社会支持×应激	0.658	0.433	0.017	8.783**	−0.141	−2.964**

在引入社会支持及其与应激的交互作用后，封闭防御、自我专注和退让顺从 3 个因素及其与应激的交互作用对抑郁的影响都不再显著。

由此可见，封闭防御、自我专注和退让顺从 3 个易感人格维度对抑郁的影响作用被领悟社会支持完全中介了。而敏感好胜维度对于抑郁的影响则以领悟社会支持为部分中介。严谨认真对抑郁产生影响则与领悟社会支持无关。

3.1.4　讨论

1. 关于抑郁易感人格问卷的效度

从总体上来说，本书的结果证明了问卷对于抑郁具有较好的预测效度，同时也支持了易感性-压力模型，即易感性因素与应激的共同作用影响个体的抑郁水平。

然而，本书的局限在于追踪时间较短，追踪观测次数较少(只有两次)，无法使用多层线性模型来确认抑郁变化趋势的稳定性。未来研究者可对同批被试继续进行追踪观测。一般认为，测量的波次越多，多层线性分析的结果也就越可靠，而最低要求有三波次以上的追踪数据(盖笑松和张向葵，2005)。除此之外，也有研究者强调，一般的抑郁水平与抑郁症的发病仍然是不同的概念，未来可以考虑进一步延长追踪时间，区分抑郁高低易感组，并使用抑郁症的患病率作为指标做进一步的考察。

2. 关于抑郁易感人格五维度对抑郁的影响比较

比较抑郁易感人格的五维度，可以看到敏感好胜和封闭防御两因素的作用最为突出，其中敏感好胜本身对抑郁的预测效力最强，而封闭防御因素在遭遇应激后体现出对于抑郁极强的预测效力。这与前期研究中，受调查医师反复强调抑郁症患者“太好比较”及“对外防御心、掩饰心太重”等特征对抑郁的影响相吻合，也与因素分析中将这两个因素列为前两大因素的结果相契合。

而对于退让顺从因素，从本书研究的结果来看，尽管它分别与两次测得的抑郁水平的相关性和偏相关性均显著，但它对于抑郁的预测效力却最弱。结合之前重测信度的考察结果，可以认为，较之其他因素，该因素特征的表现还较为依赖个体抑郁的水平，稳定性稍差。这符合 Zuroff 等(2004b)修正后的易感人格理论，即认为抑郁症状也可以通过某种方式对易感人格产生反向的固化和增强作用。未来还需要进一步地研究该因素与抑郁的关系。

关于严谨认真的结果则最为有趣。从相关分析来看，它与两次观测的抑郁水平均不相关，但回归分析却表明，它与应激的交互作用对抑郁有着显著的预测作用。这一结果可以说是对易感性-压力模型的最好诠释，即严谨认真本身并不与抑郁相关，其表现不仅符合个体的安全需要，也符合一般社会预期，在一般情况下不仅是正常的，甚至是一种“优点”，但一旦遭遇应激状况，具有该特征个体的“刻板”“不灵活”“爱钻牛角尖”等缺点就会极大地暴露出来并带来消极影响。

总而言之，中国文化背景下抑郁易感人格的 5 个维度各自以不同的方式对抑郁发挥着影响作用。

3. 领悟社会支持的作用

本书以领悟社会支持为指标部分考察了人际关系的作用，其结果显示，社会支持确实在人格对抑郁的影响中发挥着重要的中介作用。首先，封闭防御、自我专注及退让顺从 3 个维度以领悟社会支持为完全中介对抑郁产生影响。其中，封闭防御和退让顺从两维度本身就是对抑郁易感个体在人际方面的特征总结，这一结果是完全符合最初的理论假设的。而自我专注本身反映的是个体对自我的“极度狭隘”的关注，该特征导致个体片面强调和夸大自己的需要，主观上就会“永远认为别人对自己的支持远远不够”，并可能因此而导致“越是亲近的人，越对他不耐烦”的状况和客观上社会支持的减少，主观和客观的结果导致个体体会到极低的社会支持，并随之产生抑郁。

敏感好胜因素则以领悟社会支持为部分中介影响抑郁。从因素含义上来分析，一方面该因素本身就足以导致个体比其他人承受更大的心理负担而产生抑郁；另一方面其“好比较”“不愿求助他人”的特点使得周围的人易对其采取敬而远之的态度而减少其社会支持，进而加剧产生抑郁。

严谨认真因素则在这里再一次显示其特殊性。它与领悟社会支持之间不相关，而直接与应激交互作用对抑郁产生影响。从内容上来看，该因素只反映个体做事情时的认真细致与对自己的高要求，它之所以与应激交互作用产生抑郁，其原因完全在于个体对自己的不满意，因此与人际关系没有太大联系。

3.1.5 小结

本书采用纵向追踪研究，对正常大学生考察了抑郁易感人格问卷总体及其各维度对于抑郁水平的影响。研究结果表明，问卷对于抑郁具有较好的预测效度。各因子分别以不同的形式影响个体的抑郁水平，其中敏感好胜和封闭防御对抑郁的预测效力最强，领悟社会支持则在其中起着重要的中介作用。

3.2 对生命意义的影响

3.2.1 问题提出

抑郁症以显著而持久的情绪低落为主要临床特征，除此之外，其症状还包括对生活的无意义感。这里，还有必要探讨中国文化背景下抑郁易感人格与生命意义感的关系。

首先，消极情绪的体验与意义感的缺失之间有着密切的联系。国内外研究表明，缺乏生命意义感的个体更容易自杀与抑郁(Petrie and Brook，1992)。生命意义较低的个体面对压力时倾向于选择放弃努力，有更多的抑郁、焦虑和物质滥用，对心理治疗的需求更大，而且会产生无助感，甚至有更多的自杀意念(张姝玥等，2010)。

其次，情绪体验与意义感体验是不同的概念，有着不同的发生过程。积极心理学的研究者普遍认为，积极情绪与意义感也是幸福感的两个重要维度，它也成为学界区分享乐取向的幸福(hedonic well-being)和完善取向的幸福(eudaimonic well-being)的重要指标(Biswas-Diener et al.，2009)。从概念上来说，意义感被定义为对生活的目的感和方向感，它使得个体的行为与努力在大于自己的某些概念或层面上显得有意义。比如，尽管积极情绪与生命意义感呈现稳定的显著相关性，但生儿育女被认为更有利于促进个体的意义感而非快乐或者积极情绪(Hansen，2012)。纵向研究证明，向照料者身份的转换虽然会付出心理健康和快乐方面的代价，但却会促进意义感(Marks and Fleming，1999)。养育子女的过程中所包含的挑战与牺牲可能正是为人父母者意义感提升的原因之一。Kushlev 等(2012)也证实，金钱启动①对父母陪伴孩子时的情绪体验和意义感体验作用不同。

实证研究也表明，人格对生命意义有较大影响。基于大五人格结构的研究发现，其中的外向性、开放性、宜人性和尽责性四维度都显著预测意义感的体验程度，并且不同人格特质与不同意义感来源之间存在着差异性的联系(Schnell and Becker，2006；Lavigne et al.，2013)。比如，尽责性高分者更多地从进步和成就方面获得意义体验；经验开放性得分较高者倾向于从提问、学习和挑战传统中获得意义感；外向性和开放性双高分者更多地在娱乐活动、挑战、个人主义、专注、自由、创造力、健康和自我认识中获得意义感；而尽责性和外向性双高分者则从工作、健康和家庭的成功与成就中获得意义感。

关于生命意义的内涵，Steger 等(2008a)在融合了前人理论的基础上，发展出生命意义的两维结构，包含了生命意义的认知维度和动机维度：其一为生命意义的体验，指的是人们在个人生活中领会和获得意义的程度，伴随着个体对个人生活目的、使命及首要目标的确定感；其二为生命意义的探寻，指的是人们努力探索和思考生命意义的程度(Steger et al.，2008b)。

---

① 金钱启动是指使用金钱相关词汇、图片等刺激进行的内隐或外显启动。

Steger 等(2006)将生命意义寻求进一步解释为人们建构或者探究自己人生的意义、使命和目的的意愿和积极性，以及为之付出努力的程度。在一些理论中，它被视为心理健康状态的积极信号，代表着人类本能、健康的追求，激励人们寻求新的机会和挑战，促使个体对自己过去和现在的经历进行更加深入的理解和组织。而在另一些理论中，它被视为是适应不良的一种症状表现，仅仅出现在个体需要无法获得满足、意义感降低的时候。Steger 则认为，意义寻求可能源于不同的动机，进而与积极或者消极的结果相关联。特别地，对于老年人而言，意义寻求可能意味着个体在整合自己一生经历的过程中遭遇实质性的困难甚至失败；而对于青年人而言，意义寻求是其发展同一性和世界观的自然、健康的过程。从文化层面上而言，已有的对日本、中国等集体主义文化下被试的研究均发现，生命意义寻求与体验互为独立概念的同时又呈现正相关关系(这在本书结果中同样得到证实)，即二者在西方文化下呈现的体验—寻求关系模式在集体主义文化下并不成立(Steger et al.，2008b)。研究者认为，这可能是因为集体主义文化下的人更具有辩证思维，倾向于以循环递进的方式，在持续的探索中不断获得生命的意义。除此之外，二者的相关关系还受到人格因素的影响。比如，对于开放性高者而言，他们有更多以成长为导向的行为，更强的好奇心让他们对存在感和生命意义更乐于持续探索，也从中获得更大的意义感和生活满意度，因而表现出意义探寻与意义体验的正相关(Kashdan and Steger，2007)关系。总而言之，Steger 有关生命意义的体验与寻求在概念上的区分及相关的测量工具都受到当前意义感研究者的广泛认可与应用。而对于青年学生而言，意义寻求应当被视为在意义感方面的一种积极、健康的动机维度。

由此，本书基于 Steger 关于生命意义的概念与测量工具，继续以青年大学生为研究对象，探讨中国抑郁易感人格各维度对生命意义的体验与探索的影响。本书假设，总体上来说，中国文化背景下抑郁易感人格对于生命意义的体验起到负向预测作用。但鉴于情绪与意义感之间及生命意义体验与探寻之间复杂的关系，我们不对抑郁易感人格各维度与意义感体验和探寻之间的具体关系做假设。

3.2.2　研究方法

1. 测量工具

(1)抑郁易感人格问卷。

(2)生命意义问卷(meaning in life questionnaire，MLQ)。该问卷由 Steger 等(2006)编制，包含了生命意义体验分量表和生命意义寻求分量表，采用 5 点计分，从“完全不符合”到“完全符合”，分数越高表明生命意义感程度越高，每个分量表包含 5 个题项，共 10 个题项。该量表在国内外使用中表现出稳定良好的信效度，本次测量中的两个分量表的内部一致性信度分别为 0.85、0.86。

2. 被试情况

对某师范类大学在校大二学生采取整群抽样法，施测被试 270 人，收回有效问卷 258 份，其中男生 62 人，女生 196 人。

3. 施测与统计

作者在《公共心理学》课上对学生组织团体施测，向被试集体发放问卷；数据录入 SPSS19.0 统计分析软件进行统计。

3.2.3 结果分析

1. 相关性分析

抑郁易感人格与生命意义体验、探寻的相关性分析结果见表 3-7。

表 3-7 抑郁易感人格与生命意义体验、探寻的相关性分析

维度	生命意义体验	生命意义探寻
敏感好胜	−0.129*	0.155*
封闭防御	−0.075	0.012
自我专注	−0.197**	0.014
严谨认真	0.225**	0.339**
退让顺从	−0.261**	0.029

2. 回归分析

首先，使用分层回归分析，控制人口学变量的影响，考察抑郁易感人格各维度对生命意义体验的影响。具体做法如下：把生命意义体验作为因变量，将性别、生源地、家庭月收入三者共同代入方程第一层(控制)，进入方式采用强迫进入；将与生命意义体验相关性显著的 4 个抑郁易感人格维度代入第二层，自变量进入模型的方法采用逐步进入。统计结果表明，退让顺从、严谨认真、自我专注依次进入方程。生命意义体验与抑郁易感人格的回归分析结果见表 3-8。

表 3-8 生命意义体验与抑郁易感人格的回归分析

进入顺序	R	调整 R^2	R^2 变化	F	Beta	t
1. 性别					−0.128	−1170
生源地					0.008	0.077
家庭月收入	0.083	0.005		0.586	0.008	0.155
2. 退让顺从	0.273	0.060	0.060	5.109***	−0.392	−4.443***
3. 严谨认真	0.414	0.155	0.095	10.451***	0.589	5.663***
4. 自我专注	0.432	0.167	0.012	9.616***	−0.206	−2.163*

其次，使用分层回归分析，控制人口学变量的影响，考察抑郁易感人格各维度对生命意义探寻的影响。具体做法如下：把生命意义探寻作为因变量，将性别、生源地、家庭月收入三者共同代入方程第一层(控制)，进入方式采用强迫进入；将与意义寻求相关性显著的两个

抑郁易感人格维度代入第二层，自变量进入模型的方法采用逐步进入。统计结果表明，只有严谨认真维度依次进入方程。生命意义探寻与抑郁易感人格的回归分析结果见表 3-9。

表 3-9　生命意义探寻与抑郁易感人格的回归分析

进入顺序	R	调整 R^2	R^2 变化	F	Beta	t
1. 性别					0.069	1.158
生源地					−0.054	−0.877
家庭月收入	0.083	0.005		0.914	0.032	0.513
2. 严谨认真	0.432	0.167	0.012	8.911***	0.340	5.706***

由表 3-9 的结果可知，中国文化背景下抑郁易感人格中，退让顺从、自我专注维度对生命意义体验具有最强的负向预测作用；而相反，严谨认真维度对生命意义体验和探寻都具有较强的正向预测作用。

3.2.4　讨论

本书证实了抑郁易感人格各维度与生命意义之间的密切联系，但具体的相关程度和方向却不同。

首先，退让顺从和自我专注两维度对生命意义体验的消极影响显著。King 等(2006)曾详细分析认为，一个人体验到生命意义时的状态，即个体能在生活琐碎和分分秒秒中感受到其背后更大的价值，能超越看似杂乱的日常事务感受到一种目的感和连续性。退让顺从以人际交往中的被动、顺从、压抑自我为特征，这可能导致个体在日常生活中受制于人，总是疲于应付，被动行事，而无法维持自身行为的一致性与连续性。其在整体的人生追求中也可能容易迟疑停滞，乃至自我怀疑，失去目标感和方向性，因而意义感降低。自我专注高分者则可能因其过于纠缠于内心琐碎、多变而复杂的体验与意愿，因而扰乱其本应有的一致性、连续性的行为与结果。

其次，严谨认真维度再次呈现出有别于其他维度的影响结果，它对生命意义的体验与探寻都产生显著的正向预测作用。如前所述，在对抑郁的影响研究中，该维度也仅仅是在与压力的交互作用下才显现出消极的属性。从概念上而言，该维度与大五人格中的尽责性及完美主义概念有较大的重叠，对比之前的研究结果，可以认为其中严谨刻板、责任心较强的特点，能够最大程度地保证其行为的一致性与持续性，也能够在这种行为连续性中获得意义感。这种对自己的严格和高标准的要求，也可能促使其不容易满足于已有成就，而持续督促自己探索更高的、更卓越的人生目标并对其发起挑战。

最后，需要指出，本书研究仍有较大局限。由于没有测量应激水平，因此各维度高分者在压力下对于生命意义的影响有待考察。另外，本书由于没有进行追踪研究，抑郁易感人格各维度与生命意义体验和探寻的相互作用关系还有待确定。尤其是严谨认真维度，其在压力下及跨时间情境下，是否持续对生命意义产生正向影响有待考察。

3.2.5 结论

(1) 中国文化背景下抑郁易感人格中的退让顺从、自我专注维度对青少年大学生的生命意义体验有显著的负向预测作用。

(2) 抑郁易感人格中的严谨认真维度对生命意义体验和探寻都有显著的正向预测作用。

(3) 未来需要考虑应激的交互作用，并使用追踪研究进一步确定抑郁易感人格各维度对生命意义的影响。

3.3 对基本心理需要的影响

3.3.1 问题提出

自我决定理论(self-determination theory，SDT)是一个研究人类动机和人格的宏观理论(Deci and Ryan，2000)。该理论目前成为积极心理学领域探讨人类动机与心理健康的重要理论，相应地也开辟出一块人格心理学研究的全新领域。它假设人是积极的有机体，并具有积极的自我整合、自我完善和不断学习的倾向，但这种倾向的发生需要通过外部各种社会因素的支持和给养才能实现。

该理论的一个核心观点认为，人类有着先天内在的、全人类共同的基本心理需要——自主(Autonomy)、胜任(Competence)和关系(Relatedness)。它们被认为是全人类要实现利他、人格最优化发展及心理健康的必需条件。这些需要不是后天习得的，而是根植于人类本性之中，超越性别、文化与时代的。3 种基本心理需要的不满足或匮乏，是导致个体消极状态、心理疾病、人格碎片化及各种心理功能不良的根本原因。

其中，胜任的需要是关于人类想要有效应对环境的内在需求，即人类终其一生试图掌控自己所生活的世界，并试图在其中获得效能感；关系的需要是关于人类普遍地想要与他人建立关系，体验到归属感及关心他人的需要；自主的需要指的是人类共有的想要作为因果主体，体验到自身意愿的实现，以符合自我认同的方式(如基于自身兴趣、价值观)行事及在深度理性思考前提下授权自身行为。特别地，自我决定理论强调，自主并不是要完全独立于他人，而是要在行事时感受到自身意愿和选择权，且不论该行为是完全由个体自身发起还是回应重要他人的要求。

大量实证研究表明，3 种基本心理需要得到较好满足的个体，表现出更好的总体健康状况，反之则导致疏离感、心身疾病等消极状况(Deci and Vansteenkiste，2004)。该结论不仅在个体主义文化下如此，在集体主义文化下也是如此。除此之外，研究也发现，个体在日常生活中在 3 种基本心理需要满足上的差异，也将直接影响个体每一天心理状况的高低起伏。

本书拟基于自我决定理论视角，在中国文化背景下，以青年大学生为被试，考察抑郁易感人格对 3 种基本心理需要的影响。研究假设，中国文化背景下抑郁易感人格各维度对自主、胜任、关系 3 种需要的满足有不同程度的消极影响。

3.3.2　研究方法

1. 测量工具

(1)抑郁易感人格问卷。

(2)基本心理需要满足与受挫量表(basic psychological needs satisfaction and frustration scale，BPNSFS)。该表由 Chen 等(2015)编制，并在中国、比利时、美国和秘鲁 4 种不同文化和语言中进行了验证。该研究采用 1051 名平均年龄为 20 岁的大学生为样本进行分析，量表由 24 个题项组成，具有 6 个维度的结构，分别测量自主、关系和胜任 3 种心理需要的满足感和受挫感，统计分析经交叉验证确认每个维度有 4 个题项。本次研究在计分时，将每个心理需要的受挫感分量表题项作为反向计分题项，最后计算 3 个基本心理需要的满足程度。本次测量中，每个维度的内部一致性依次为 0.75、0.77、0.77。

2. 被试情况

对某师范类大学在校大二学生采取整群抽样法，施测被试 270 人，收回有效问卷 258 份，其中男生 62 人，女生 196 人。

3. 施测与统计

作者在《公共心理学》课上对学生组织团体施测，向被试集体发放问卷。数据录入 SPSS19.0 统计分析软件进行统计。

3.3.3　结果分析

1. 相关性分析

抑郁易感人格与基本心理需要维度的相关性分析结果见表 3-10。由表 3-10 可知，抑郁易感人格中的敏感好胜、封闭防御、自我专注和退让顺从与 3 种基本心理需要之间均呈现显著的负相关关系；严谨认真与 3 种基本心理需要之间均无显著的相关性。

表 3-10　抑郁易感人格与基本心理需要维度的相关性分析

维度	自主需要	关系需要	胜任需要
敏感好胜	-0.332^{**}	-0.170^{**}	-0.398^{**}
封闭防御	-0.235^{**}	-0.373^{**}	-0.228^{**}
自我专注	-0.385^{**}	-0.420^{**}	-0.348^{**}
严谨认真	0.025	0.060	0.114
退让顺从	-0.411^{**}	-0.222^{**}	-0.424^{**}

2. 回归分析

首先，使用分层回归分析，控制人口学变量的影响，考察抑郁易感人格各维度对 3 种基本心理需要的影响。具体做法如下：把自主、关系、胜任的需要分别作为因变量，将性别、生源地、家庭月收入三者共同代入方程第一层(控制)，进入方式采用强迫进入；将与心理需要相关性显著的 4 个抑郁易感人格维度代入第二层，自变量进入模型的方法采用逐步进入。相应结果见表 3-11、表 3-12 和表 3-13。

表 3-11 自主需要与抑郁易感人格的回归分析

进入顺序	R	调整 R^2	R^2 变化	F	Beta	t
1. 性别					0.056	0.879
生源地					0.045	0.697
家庭月收入	0.106	0.011			−0.058	−0.870
2. 退让顺从	0.417	0.174	0.163	13.326***	−0.291	−4.579***
3. 自我专注	0.467	0.218	0.044	14.089***	−0.242	−3.786***

表 3-12 关系需要与抑郁易感人格的回归分析

进入顺序	R	调整 R^2	R^2 变化	F	Beta	t
1. 性别					0.110	1.740
生源地					−0.008	−0.125
家庭月收入	0.110	0.012		1.028	0.007	0.102
2. 自我专注	0.433	0.188	0.175	14.628***	−0.324	−4.901***
3. 封闭防御	0.468	0.219	0.031	14.151***	−0.223	−3.183***

表 3-13 胜任需要与抑郁易感人格的回归分析

进入顺序	R	调整 R^2	R^2 变化	F	Beta	t
1. 性别					−0.089	−1.402
生源地					−0.049	−0.757
家庭月收入	0.100	0.010		0.861	−0.047	−0.717
2. 退让顺从	0.439	0.193	0.183	15.095***	−0.293	−4.282***
3. 自我专注	0.467	0.229	0.036	14.956***	−0.237	−3.438**

由以上结果可知，抑郁易感人格中退让顺从、自我专注能显著负向预测基本心理需要中的自主和胜任需要，而自我专注和封闭防御能显著负向预测关系需要。

3.3.4 讨论

自我决定理论认为基本心理需要在社会环境与个体的互动中起到中介作用，并且具有跨文化的普遍性。当基本心理需要得到满足时，个体将朝向积极健康的方向发展；当基本心理需要受到阻滞时，个体将朝向消极方向发展或产生功能性障碍。目前，已有不少研究基于中国人人群在不同领域内(如体育锻炼、组织管理、教育教学等)对基本心理需要中的中介作用进行检验，得出了与西方较为一致的结果(刘靖东等，2013)。

抑郁易感人格作为一种自小形成的人格，其内心体验方式和外显行为方式可能是因为阻碍了自主、关系和胜任 3 种重要基本心理需要的满足而带来诸多消极状况。本书没有直接检验这种中介作用，但揭示出了抑郁易感人格维度与基本心理需要之间的具体关系。

自主需要阐述的是一种自我决定的体验，是一种在行动中充分的自由意志和自行决断的体现；相反，其受挫体验表现为个体在外部施与或自我强加的压力下行事时的一种受控感。本书发现，自我专注、退让顺从对该需要的满足带来最大的障碍。其中，自我专注则看似关注自我、忽略他人，但事实上是受到内心复杂、矛盾体验的驱使，而无法很好地执行个人意志；退让顺从的外显行为方式显然压抑了自我，导致自主需要的受挫。

关系需要的满足主要表现为要与他人有亲密和真诚的联系感；而关系的受挫表现为人际排斥或孤立。本书发现，自我专注、封闭防御对该需要的满足带来最大的消极影响。由此可见，自我专注导致个体纠缠于自己夸大了的、极度复杂化的内心体验，不仅导致其无法发挥自身主动性，也让周围大多数人敬而远之。封闭防御则以其掩饰或回避的人际行为模式，人为地阻断了与他人拉近关系的路径。

胜任需要的满足表现为感受到效能感和自信能够达到既定目标的能力感；其受挫表现为失败感或对自己能力的怀疑。本书发现，自我专注、退让顺从对该需要的满足带来最大的障碍。可以认为，退让顺从者由于惯常于委曲求全、无条件顺从他人，既影响了自己目标的达成，也可能在受人驱使下完成任务后也得不到应有的胜任感和效能感。自我专注个体，则可能因其复杂的内心世界，干扰自身任务目标的完成，因而较少获得效能感。

总而言之，在本书中，抑郁易感人格中的自我专注、封闭防御和退让顺从表现出对 3 种基本心理需要的满足带来最大的障碍。

3.3.5　小结

在自我决定理论中的 3 种基本心理需要中，中国文化背景下抑郁易感人格中的自我专注、退让顺从对青少年大学生的自主需要的满足带来最大的阻碍；自我专注、封闭防御对关系需要的满足带来最大阻碍；自我专注、退让顺从对胜任需要的满足带来最大的阻碍。

3.4　对品味的影响

3.4.1　问题提出

以往的研究更关注消极事件的影响，而近年来，积极心理学的研究开始关注个体对积极事件的体验。具体而言，在消极事件和中性事件之外，每个人的生活中也都一定会经历大大小小的积极事件，而每个人都希望获得更多快乐的体验，也希望更长久地维持积极情绪。这似乎是一个不需要争论的事情。但是，新的研究发现，人们面对积极事件时，却在维持积极情绪的动机程度及策略水平上存在较大的个体差异。

品味(Savoring)是对积极情绪的感知和调控，是个体基于积极事件用以形成、增强和维持愉悦情绪与状态的策略和倾向(Bryant and Veroff，2007)。品味的过程需要有意识地去享受，有意识地去专注于快乐的体验。换言之，一个人获得积极事件并不意味着他有能力充分享受这一体验。对积极情绪的积极管理，不仅需要感受快乐的能力，还需要主动调控快乐的能力。

实证研究表明，品味与许多幸福指数相关，包括更多的积极情绪、生活满意度、自尊，以及更少的消极情感、抑郁和内疚等(Bryant，2003；Bryant and Veroff，2007；Hurley and Kwon，2012；Jose et al.，2012)。因此，品味既能减少痛苦，又能增强幸福感(Hurley and Kwon，2012；Jose et al.，2012)。另有研究发现，品味对幸福感既起到一定的中介作用，又起到一定的调节作用。当积极事件发生频率较高时，品味的作用并不是很显著，而当积极事件发生较少时，我们怎样品味这些积极事件就成为幸福感的决定因素，品味在其中起到了促进积极体验资本化的作用(郭丁荣等，2013)。

其中，品味可以按照时间取向区分为3个维度。首先，在积极事件即将或可能发生之前，人们可以以一种憧憬和积极期待的方式品味，该倾向被证明与乐观和希望感有较强的关联。其次，当一项积极事件正在发生时，人们可以通过专注的思想和行为(即享受当下)来增强或延长该事件带来的积极情绪。该倾向被证明与更高的生活满意度、更积极的状态、更多的满足感及更少的消极症状、抑郁症有更强的关联。最后，在一个积极事件完全结束后，人们可以通过积极回味和怀念的方式延长或重新点燃与该事件相关的积极情绪(Jose et al.，2012)。

如前所述，中国人抑郁易感个体在压力的作用下导致抑郁情绪的增长乃至抑郁症的病发。而从积极心理学的视角来看，抑郁易感个体也一定经历过许多积极事件。那么抑郁易感人格的5个维度对积极情绪的品味又产生怎样的影响呢？本书试图探讨这一问题。总体上，假设抑郁易感人格对于品味起消极的影响作用，但对具体5个抑郁易感维度在积极期待、享受当下和回味三维度的影响不作假设。

3.4.2 研究方法

1. 测量工具

(1)抑郁易感人格问卷。

(2)品味信念量表(savoring beliefs inventory，SBI)。该量表由Bryant(2003)编制，用以评估个体通过积极期待即将到来的积极事件、品味积极时刻和回味过去的积极体验来获得快乐的能力。该量表包括24个题项，3个维度。因此，该量表包括3个分量表，分别是回味(Reminiscing)、品味当下(savoring the moment)和积极期待(Anticipating)分量表。每个分量表下包含8个题项，4个正向计分题项，4个反向计分题项。该量表采用七点计分，请被试按照自己的真实情况从“非常不符合”到“非常符合”进行打分。相应问卷在原有实证中表现出较好的信度和效度。本节中，该量表三维度一致性系数分别为 0.80、0.81、0.76，总的一致性系数为 0.89。

2. 被试情况

对四川某师范类大学在校大二学生采取整群抽样法，施测被试 220 人，收回有效问卷 207 份，其中男生 39 人，女生 168 人。

3. 施测与统计

作者在公共心理学课上对学生组织团体施测，向被试集体发放问卷。数据录入 SPSS19.0 统计分析软件进行统计。

3.4.3　结果分析

1. 相关性分析

由表 3-14 的相关性分析结果可知，抑郁易感人格中的封闭防御、自我专注与回味呈现显著的负相关关系；敏感好胜、封闭防御、自我专注和退让顺从与品味当下呈现显著的负相关关系；封闭防御、自我专注与积极期待呈现显著的负相关关系；严谨认真维度与品味没有显著的相关性。

表 3-14　抑郁易感人格各维度与品味及其维度的相关性分析

维度	回味	品味当下	积极期待	品味总体
敏感好胜	−0.026	-0.371^{**}	0.015	-0.174^{*}
封闭防御	-0.192^{**}	-0.375^{**}	-0.286^{**}	-0.343^{**}
自我专注	-0.211^{**}	-0.368^{**}	-0.170^{*}	-0.311^{**}
严谨认真	0.086	0.004	0.058	0.057
退让顺从	−0.067	-0.261^{**}	0.037	-0.134

2. 回归分析

首先，使用分层回归分析，控制人口学变量的影响，考察抑郁易感人格各维度对 3 个品味维度的影响。具体做法如下：把回味、品味当下、积极期待分别作为因变量，将性别、生源地、家庭月收入三者共同代入方程第一层(控制)，进入方式采用强迫进入；将与各品味维度相关性显著的抑郁易感人格维度代入第二层，自变量进入模型的方法采用逐步进入。其结果见表 3-15、表 3-16 和表 3-17。

表 3-15 抑郁易感人格各维度与回味的回归分析

进入顺序	R	R^2	R^2变化	F	Beta	t
1. 性别					0.175	2.587**
生源地					0.058	0.784
家庭月收入	0.229	0.052		3.733*	0.140	1.887
2. 自我专注	0.299	0.089	0.037	4.941**	−0.193	−2.858**

表 3-16 抑郁易感人格各维度与品味当下的回归分析

进入顺序	R	R^2	R^2变化	F	Beta	t
1. 性别					0.177	2.764
生源地					0.045	0.648
家庭月收入	0.214	0.046		3.255*	0.102	1.484
2. 敏感好胜	0.441	0.194	0.148	12.176***	−0.286	−4.009***
3. 封闭防御	0.476	0.227	0.033	11.773***	−0.209	−2.895**

表 3-17 抑郁易感人格各维度与积极期待的回归分析

进入顺序	R	R^2	R^2变化	F	Beta	t
1. 性别					0.168	2.529*
生源地					0.091	1.250
家庭月收入	0.280	0.078		5.764**	0.203	2.808**
2. 封闭防御	0.374	0.140	0.062	8.224***	−0.252	−3.802**

由以上回归分析结果可知，抑郁易感人格中的自我专注对于回味具有最强的负向预测作用；敏感好胜、封闭防御对于品味当下具有最强的负向预测作用；封闭防御对于积极期待具有最强的负向预测作用。

3.4.4 讨论

跨领域的实证研究表明，相比于积极情绪的强度，幸福与积极情绪频率的关系更加紧密；高频率的小确幸远胜于低频率的大欢喜(Dunn et al.，2011)。从个体差异而言，能够珍视和充分享受日常生活中平凡乐趣的个体比起那些缺乏相应能力的人更加幸福。中国人抑郁易感个体显然缺乏这种能力，这与他们的人格特征有密切关系。从本节研究的结果中，可以更加具体地了解这种关系。

首先，回味本应是个体最容易实现的，它是将过去发生的积极事件转化为当前愉悦情绪的策略，但自我专注维度成为其中最大的障碍。可以认为，具有该特征的典型个体专注的是自己未被满足的需要、未被实现的意愿及未被回应的要求，并将这些未被满足的体验夸大化。也因此，他们很难注意到自己已被满足的、已获得的和已被积极回应的体验，这极大干扰了他们对过去发生的积极事件的回忆和回味。

其次，品味当下被认为是品味概念或策略的一个核心要素。它需要个体对当前正在发生的积极事件——哪怕只是小的积极事件——保持高度的注意和行为上的有意增强。敏感好胜者，因其更多的“比较心态”，影响其对于积极事件本身的体验，尤其是缺乏对其中具体细节的品味和珍视。用解释水平理论的观点来看，典型敏感好胜者可能更关注这些积极的小事是否具有“深远意义”而非关注此时真切的愉悦。封闭防御者，则因其对于不论积极情绪还是消极情绪在外显行为上的压抑，而导致其无法充分体验此时的愉悦，无法将当下美好的体验最大化。事实上，在 Bryant 和 Veroff（2007）的总结中，对当前积极情绪的积极外显行为表达(如大笑)是品味策略中的重要一环。

最后，对未来可能发生的积极事件的憧憬和积极期待，与乐观和希望感密切相关。在本书中，封闭防御成为实现该品味策略的最大障碍。可见，对他人的防御性姿态与行为，也让个体对未来可能发生的好事情及其影响不敢抱有太乐观的态度。

3.4.5　结论

面对积极事件，中国文化背景下抑郁易感人格阻碍了青少年大学生以品味的方式增强与维持其积极影响。具体而言，在对过去美好的回味中，自我专注起到最大的阻碍作用；在对当下的美好进行品味时，敏感好胜、封闭防御起到最大的阻碍作用；在对未来的美好事件进行积极期待中，封闭防御起到最大的阻碍作用。

第 4 章　抑郁易感人格与自我

4.1　自我价值感

4.1.1　问题提出

黄希庭和夏凌翔(2004)认为，无论从哪一个维度进行描述，自我在人格中都处于核心地位，同时也是个体维持心理健康、形成健全人格的核心问题。正面的自我，在维护个体心理健康方面至少具有保持心理系统各部分的协调、保持个体内外的一致性和行为的稳定性、促进个体对自然和社会的适应、提供行为的心理动力等功能。

在西方关于抑郁的研究中，Self-esteem(国内大多翻译为“自尊”)概念最受关注。如前所述，大量研究证实了低自尊与抑郁之间密切相关，反之高自尊则被证明对抑郁具有缓冲效应(张向葵和田录梅，2005)。但由于自尊与抑郁症状的关系过于紧密，它无法解释抑郁的形成过程和机制。有研究者认为，自尊也存在异质性，而脆弱自尊(fragile self-esteem)才是在抑郁症的发生、维持和复发中起到关键作用的角色。横向比较和纵向追踪研究则证实，自尊不稳定性(instability of self-esteem)是比自尊水平更加有效地反映抑郁易感性的指标。

但是，脆弱自尊或者不稳定自尊究竟是什么原因造成的呢？如前所述，认知心理学家的新观点认为抑郁易感个体存在源自童年经验的、消极的、稳定的自我认知图示，但这种认知图示是潜在的、意识之外的，一般情况下会受到外显意识的矫正而难以在自陈报告中显现。但在消极情绪、压力或失败条件下，这种自我认知图示就会被启动并显现出来。因此，他们认为自尊水平之所以会不稳定，其原因就是易感个体的消极自我认知图示不一定总是显现出来，而没有此类消极自我认知图示的个体，则能够长期维持较高的自尊。

一方面，近年来，国内研究者越来越强调西方“Self-esteem”与“自尊”这一中国文化下的本土概念之间其实是有很大区别的(黄希庭和尹天子，2012；舒首立等，2015)。具体而言，二者的文化差异主要表现在其根源性、包容性及表达性等方面。

另一方面，黄希庭等人经过多年研究，发展出与西方“Self-esteem”概念更具对应性、又更具“中国化”的概念——自我价值感(Self-worth)(黄希庭和余华，2002；黄希庭等，2003)。自我价值感是个人在社会生活中，认知和评价作为客体的自我(Me)对社会主体(包括群体和他人)以及作为主体的自我(I)的正向的自我情感体验；其核心是自我价值判断与体验。它包含一个多维度、多层次模型，具体包括总体自我价值感、一般自我价值感和特殊自我价值感；不论哪个层次的自我价值感均包含个人取向和社会取向。已有研究证实，青少年自我价值感与抑郁等心理症状之间呈现显著负相关。可以认为，自我价值感及其稳定性与抑郁易感人格之间也应当存在密切联系，值得直接考察。

本章研究目的就是参考西方关于抑郁与 Self-esteem 关系的研究，同时立足于中国文化背景及本土化概念，考察青少年抑郁易感人格与自我价值感及其不稳定性之间的关系，并在抑郁易感人格诸特征基础上解析自我价值感不稳定性的可能成因。

本书研究假设，青少年大学生的抑郁易感人格与自我价值感呈现负相关，并对自我价值感不稳定性有显著的影响作用。

4.1.2　研究方法

1. 测量工具

(1)抑郁易感人格问卷。

(2)青少年自我价值感量表。该量表是黄希庭和余华(2002)、黄希庭(2003)在分析东西方文化自我观念上的差异和实际调查的基础上编制的，具有较好信度、效度，适合中国青少年自我价值感测量。依据抽象程度的不同，可以将自我价值感划分为总体、一般和特殊 3 个层次；每个层次又可以划分为多个维度，如在一般、特殊层次分别包含社会取向和个人取向两个维度，在特殊层次的两个维度内又可以划分为人际、心理、道德、生理、家庭 5 个分维度。原量表共 56 个题项，均采用 Likert 5 点自评式量表，从“不符合”至“完全符合”分别评定为 1～5 分。该量表已经建立了全国常模。

本节仅使用其中总体自我价值感题项(共 6 项)，并参照国外做法，将评分方式由五点量表修改为十点量表，从“完全不符合”至“完全符合”评定为 1～10 分；测量其克隆巴赫 α 系数为 0.722，具有较高的内部一致性。

2. 被试情况

本节选取心理学通选课一个班的学生共 150 人为被试，回收有效问卷 102 份，其中男生 43 人，女生 59 人，二年级 86 人，三年级 14 人，四年级 2 人。

3. 施测与统计

作者在通选课上组织集体施测，向被试发放《抑郁易感人格问卷》1 份及《青少年自我价值感量表》8 份(每 1 份对应特定的日期)。首先，作者指导被试当堂完成《抑郁易感人格问卷》和《青少年自我价值感量表》各一份，然后要求被试在随后的 7 天内，每天定时依据当日的实际感受填写 1 份《青少年自我价值感量表》，并在第七天将所有问卷交回。作者在施测时向被试特别强调，在这连续的 8 天内，每天只完成 1 份《青少年自我价值感量表》的填写，如果忘记可以空缺，不可以补填也不可以对之前的填写结果进行修改。

最后，数据录入 SPSS13.0 统计分析软件进行统计。参照国外做法，将初始青少年自我价值感量表测量得分作为自尊水平的指标，将 8 次自尊测量结果的标准差作为自尊不稳定性的指标。

4.1.3 结果分析

1. 相关性分析

由表 4-1 的相关性分析可知，自我价值感与自我价值感不稳定性呈现显著的负相关关系；严谨认真与自我价值感水平不相关，但与自我价值感不稳定性之间呈现显著的正相关关系；其他抑郁易感人格因素均与自我价值感呈现显著的负相关关系，而与自我价值感不稳定性呈现显著的正相关关系。

表 4-1 抑郁易感人格与自我价值感、自我价值感不稳定性之间的相关性分析

因素	自我价值感水平	自我价值感不稳定性
自我价值感不稳定性	−0.218*	1
抑郁易感人格总体	−0.381**	0.405**
敏感好胜	−0.402**	0.318**
封闭防御	−0.304**	0.342**
自我专注	−0.362**	0.243*
严谨认真	−0.015	0.239*
退让顺从	−0.249*	0.314**

注：*表示 $p<0.05$，**表示 $p<0.01$，***表示 $p<0.001$，下同。

2. 抑郁易感人格、自我价值感对自我价值感稳定性的回归分析

使用回归分析分别考察抑郁易感人格总体及初始自我价值感水平对自我价值感稳定性的影响，结果显示抑郁易感人格对自我价值感不稳定性的正向影响和初始自我价值感对自我价值感不稳定性的负向影响都显著。抑郁易感人格总体、自我价值感与自我价值感不稳定性的回归情况详见表 4-2。

表 4-2 抑郁易感人格总体、自我价值感与自我价值感不稳定性的回归情况

模型	R	R^2	调整 R^2	Beta	t	P 值
1. 抑郁易感人格总体	0.405	0.164	0.154	0.405	4.102	0.000
2. 自我价值感	0.218	0.047	0.036	−0.218	−2.056	0.043

3. 控制初始自我价值感水平后各维度对自我价值感不稳定性的预测

考虑到抑郁易感人格与自我价值感的相关性较高及初始自我价值感水平对自我价值感稳定性的影响，本节使用层级回归分析，控制初始自我价值感水平，再来看抑郁易感人格总体及其五因素对自我价值感稳定性的影响作用。抑郁易感人格、自我价值感与自我价值感不稳定性的回归分析结果见表 4-3。

表 4-3 抑郁易感人格、自我价值感与自我价值感不稳定性的回归分析

回归	进入顺序	R	R^2	R^2变化	F变化	Beta	t
回归 1	1. 初始自我价值感水平	0.218	0.047	0.047	4.227*	−0.075	-0.693
	2. 抑郁易感人格总体	0.410	0.168	0.121	12.217**	0.376	3.495**
回归 2	1. 初始自我价值感水平	0.218	0.047	0.0407	4.227*	−0.108	−0.963
	2. 敏感好胜	0.331	0.109	0.062	5.855*	0.272	2.420*
回归 3	1. 初始自我价值感水平	0.218	0.047	0.0407	4.227*	−0.123	−1.157
	2. 封闭防御	0.367	0.135	0.087	8.457**	0.310	2.908**
回归 4(自变量强迫法进入)	1. 初始自我价值感水平	0.218	0.047	0.047	4.227*	−0.148	−1.315
	2. 自我专注	0.283	0.080	0.033	2.978	0.194	1.726
回归 5	1. 初始自我价值感水平	0.218	0.047	0.047	4.227*	−0.214	−2.071*
	2. 严谨认真	0.321	0.103	0.056	5.240*	0.237	2.289*
回归 6	1. 初始自我价值感水平	0.218	0.047	0.047	4.227*	−0.151	−1.423
	2. 退让顺从	0.339	0.115	0.068	6.424*	0.269	2.535*

如表 4-3 所示，由统计分析结果可知，在控制了初始自我价值感水平后，抑郁易感人格 5 个因素之中，只有自我专注因素对自我价值感不稳定性的影响作用不显著。

为了筛选对自我价值感不稳定性最有效力的影响因素，在控制初始自我价值感水平后使用逐步回归分析将抑郁易感人格五因素同时代入回归方程进行分析，结果只有封闭防御因素进入回归方程。可见封闭防御因素对于自我价值感不稳定性的影响最大。

4.1.4 讨论

首先，相关性分析表明自我价值感水平与自我价值感不稳定性之间呈现显著的负相关关系，该结果与国外研究结果(Franck and De Raedt，2007)一致，说明低自我价值感者本身的自我价值感水平更加不稳定，更易受到各种外界因素的影响，而高自我价值感者的自我概念更加稳定。自我价值感与抑郁易感人格的 4 个维度都呈现显著的负相关关系，但无法说明二者之间的因果关系。

在控制了自我价值感水平之后，抑郁易感人格中的敏感好胜、封闭防御、严谨认真和退让顺从都对自我价值感的不稳定性有着显著的正向影响作用。其中，封闭防御因素，可能由于其不善于或刻意回避与外界的深层次交流沟通的特点，导致个体缺乏稳定的外部社会支持系统和内部参照系统，成为对自我价值感不稳定性影响最大的因素。而严谨认真因素的特殊性在于，其与自我价值感无显著的相关性，却对自我价值感不稳定性有显著的影响，再次反映出该特征的消极作用存在极大的“隐蔽性”。从其含义上来看，该特征反映个体责任心极强，做事极为认真，力求尽善尽美，因此在没有压力或挫折的情况下，个体甚至可能会为之而“自豪”，认为其他人“做事太马虎”“做人太没有责任感”，此时自我价值感水平便较高。但这种苛刻的做事原则也让个体更容易因为自己一点点的疏忽而体验到失败和对自己不满的情绪(在压力面前更是如此)，此时个体的自我价值感水平就会急

剧下降。敏感好胜的特点则导致个体随时将自己摆在与他人比较或被他人比较的竞赛场上，并看重每一次比较的结果，因而导致其自我价值感忽高忽低。

在所有抑郁易感人格特征中，只有自我专注因素对自我价值感不稳定性的影响不显著。这可能是由于该特征本身反映的就是个体狭隘关注自己未满足的需要和未履行的意愿，个体因此产生一种稳定的无望情绪和低自我价值感，因而对自我价值感不稳定性影响不大。

4.1.5 结论

抑郁易感人格中的敏感好胜、封闭防御、自我专注和退让顺从因素与青少年大学生的自我价值感呈现显著的负相关关系；敏感好胜、封闭防御、严谨认真和退让顺从对大学生自我价值感不稳定性有显著的正向影响作用。

4.2 真实自我①

4.2.1 问题提出

真实自我是西方古老的哲学问题，也是目前人格心理学的研究热点。古希腊人将“认识你自己”刻在阿波罗神庙里，认为这是最重要的事情。亚里士多德推崇的实现论幸福(Eudaimonia)强调与自己的“守护神(Daimon)”(本质上指一个人的精神)共同存在的生活，认为一个人最卓越的存在方式就是作为真实自我而活着。中国传统上也有类似的思想，如《中庸·首章》曰：“天命之谓性，率性之谓道”，认为人性是上天所赋予的，每个人就应就其本性来发挥(孙蒨如，2014)。

在经典的人格心理学理论中，无论是精神分析，还是人本主义都关注了真实自我的价值，认为发现(或者再发现)真实自我，对真实自我的表达及依据真实自我行事，对于心理健康而言是至关重要的。大多数实证也表明，当个体能表现出真实自我时，其本身会处于较佳的状态，有着良好的生活适应及幸福感(孙蒨如，2014)。国内外研究还发现，社交网站中的积极自我呈现和真实自我呈现与积极情绪、社会支持和生活满意度都呈显著的正相关关系；真实和积极自我呈现对生活满意度都有显著的直接预测作用(牛更枫等，2015)。

现代社会的发展则加大了对该问题研究的紧迫性。传统社会下，人们普遍拥有共同的价值基础，外部传统或宗教信仰为人们阐明了生活的方向，同时也受到大众的广泛接纳；而在价值观多元的现代社会，人们必须独立判断，并在一些根本性的问题上做出自己的选择。不论在东方，还是在西方，现代人都日益面临所谓的“存在感真空”的问题，思考着“我该如何存在”。于是，更多的人尝试从自己身上获得答案，寻找“真实的自我”。一时间，做“真实的自己”成为许多人——尤其是青年人——的口号。但与此同时，我国台

① 该节部分内容已载于：西南大学学报(社会科学版)，2017，43(1)：102-111。

湾学者陆洛也指出，很多国人完全误解了个人主义所谓“真我”之深意，跳过了本应触及灵魂深处的自我探索，而追求从众式的个人主义展演，是一种盲目认同、随波逐流、相互取暖的心态。在西方，心理学界在关于真实自我的概念界定、实践途径等方面意见也并不统一。在该领域的理论与实证研究已经越来越细致，相关概念还涉及真实性（Authenticity）、自我知识（Self-knowledge）和内在自我（intrinsic self）等。

真实自我的内涵究竟是什么？怎样才能做“真实的自己”？不少研究者强调真实自我或“真实性”需要反映个体主观而又真实内在的体验（Vess et al.，2014）。在这里，真实自我被定义为人们主观上认定属于自己的真实特征，而不论这些特征是否准确，或者是否公开表达。同时，他们也认为这种“真实自我”是相对稳定的，至少比“现实我”更加稳定。在素人理论中，人们也普遍认为自我有表现于外的部分和很多时候不表现于外的部分，而这些不常常表现于外的部分被认为是自我的内在、核心或本质，才是“真实的自我”（Johnson et al.，2004）。基于这样的观点，在研究的实验操作或者问卷调查中，研究者对被试“真实的自我”的提取来源于对个体的直接询问——那些描述“你真正的样子”或者“当你在最亲近的人面前的表现”的人格词汇；相对地，现实的自我被界定为描述“你在大多数活动中的表现”“你在大多数人面前的表现”“自己源于别人的期望所常常作出的表现”的人格词汇。

研究证明，人们可以很容易地回忆和区分那些反映或者没有反映主观真实自我的时间段，说明人们有能力区分主观真实的自我和人前的自我（Lenton et al.，2013）。Schlegel 等（2009）的研究证明，尽管这种真实自我比现实自我更受个体自己的喜欢，但其实并不比现实自我更积极。并且，启动个人真实自我概念中那些不是自己喜欢的部分时，也能带来生命意义的提升。真实自我的通达性（accessibility of the true self-concept）能够稳定预测生命意义的体验，而现实自我的通达性（accessibility of the actual self-concept）对于生命意义的功能，却只有在涉及积极方面时才会发生。这说明主观内省的真实自我包含了人格中的积极和消极两个方面，并不仅仅是积极的人格，也不是对自我的积极幻想；其在意义生成方面的心理功能也不受积极或消极的属性的影响。真实自我通达性对生命意义的预测作用也大于情绪和自尊的作用。并且，在实验操作条件下，短时提高个体真我概念的认知通达性或者描述真我概念时的元认知容易度，都可以提高其生命意义感（Lenton et al.，2013）。

另有一系列研究表明，激活“内在自我（intrinsic self）”和“你真正是谁”的信念会带来更少的自我防御和自我设限（Arndt et al.，2002；Schimel，2004）。主观真实自我与公开自我之间的和谐，也被证明能够预测幸福。除此之外，Schlegel 等（2009）的研究还发现，对自我认识的主观确定性（对主观真实自我的通达性）和自我认识的准确性各自具有积极功能，两者彼此独立。但她更强调主观确定性的重要性，认为一个主观上对真实自我非常确定但事实上不那么准确的人比主观上对真实自我不确定但描述较为准确的人会表现得更好。甚至，Schlegel 等（2011）对于真实自我是否客观存在也不设立场，但认为个体主观上认为的反映其真实自我的特质和角色在现实中发挥着非常重要的作用，尤其是在缺少统一价值观和意义体系的现代社会，这种作用尤为突出。总而言之，在该观点下，个体防御性的降低，在更多场合下对主观内省的真实自我——主要是私我的确定和表达，是达成真实自我的指标。

本书拟考察抑郁易感人格与真实自我这一积极心理学领域中促进幸福的重要变量的关系。研究假设，青少年大学生抑郁易感人格各维度会不同程度地对个体真实自我的表达带来负向预测作用。

4.2.2 研究方法

1. 测量工具

(1) 抑郁易感人格问卷。

(2) 内在自我表达问卷。该问卷由 Matthew 等(2015)在关于“真实自我”“真实性”的量表的基础上修订完成，共包含 12 个题项。该问卷采用七点计分，邀请被试基于语句描述符合自己状况的程度，从“非常不符合”到“非常符合”进行打分。本节调查中，该问卷的内部一致性系数为 0.77。

2. 被试情况

本节对四川某师范类大学在校大二学生采取整群抽样法，施测被试 220 人，收回有效问卷 207 份，其中男生 39 人，女生 168 人。

3. 施测与统计

主试在《公共心理学》课上对学生组织团体施测，向被试集体发放问卷。数据录入 SPSS19.0 统计分析软件进行统计。

4.2.3 结果分析

1. 相关性分析

结果显示，抑郁易感人格中敏感好胜、封闭防御、自我专注、退让顺从都与真实自我表达呈现显著的负相关关系，严谨认真维度则与真实自我表达不相关，详见表 4-4。

表 4-4 抑郁易感人格与真实自我表达的相关性分析

因素	敏感好胜	封闭防御	自我专注	严谨认真	退让顺从
真实自我	−0.554**	−0.339**	−0.438**	−0.028	−0.448**

2. 真实自我表达对抑郁易感人格的回归分析

使用分层回归分析，控制人口学变量的影响，考察易感人格各维度对真实自我表达的影响。具体做法如下：把真实自我表达作为因变量，将性别、生源地、家庭月收入三者共同代入方程第一层(控制)，进入方式采用强迫进入；对自变量进行中心化处理后，将与真实自我相关性显著的 4 个抑郁易感人格维度代入第二层，自变量进入模型的方法采用逐步回归。统计结果表明，敏感好胜、退让顺从、自我专注依次进入方程(表 4-5)。

表 4-5　抑郁易感人格与真实自我表达的回归分析

进入顺序	R	R^2	R^2 变化	F	Beta	t
1. 性别					−0.082	-1.435
生源地					0.019	0.302
家庭月收入	0.091	0.008		0.565	0.067	1.078
2. 敏感好胜	0.557	0.311	0.303	22.770***	−0.341	−4.666***
3. 退让顺从	0.596	0.355	0.044	22.118***	−0.221	−3.374**
4. 自我专注	0.613	0.376	0.021	20.089***	−0.179	−2.602**

由结果分析可知，敏感好胜、退让顺从和自我专注对于真实自我的表达依次具有较强的负向预测作用。

4.2.4　讨论

本书证实，中国文化背景下抑郁易感人格特征阻碍了青少年大学生对内在真实自我的表达，而这本来是个体在日常生活、人际交往中获得积极情绪与意义感的重要来源。例如，2.1 节中基于访谈所讨论的，抑郁易感人格表现于外的许多行为不是源于真实的内心，而是源于“他人”这个参照。其中，敏感好胜使得个体更多地从内心视他人为比较对象而非自由表达的对象，退让顺从则呈现出个体习惯性压抑自己的行为特征，高程度的自我专注则可能导致内心的复杂冲突以致自己都无法明确真实的自我。因而，这 3 个抑郁易感维度带来对真实自我表达的最为消极的影响。

需要注意的是，关于真实自我，还有其他一些不同的观点。比如，特质论观点认为，人们有着跨时间、跨情境、跨角色的稳定人格倾向(主要源于先天倾向)，这些人格特质就是个体的真实自我。做自己，就应尽量依据自己固有的这些人格特质，稳定一致地行事。最理想的状况是，个体在所有情境、所有角色的行为与表现中都呈现一致性。在该观点下，跨情境、跨角色的行为一致性是评估个体达成真实自我的重要指标。又如，随着内隐研究与技术的发展，有观点强调自我系统的多维复杂性，认为“做真实的自己”的重点在于对完整自我知识(Self-knowlege)的理性、准确的认识及在此基础上的自我整合。该观点并不不赞成主观内省的方法，而强调通过尽可能客观的方法(如内隐测量、非言语行为评定及他评)获得准确、完整的自我知识，以及在此基础上的自我协调与匹配。因此，未来还可以进一步探讨中国文化背景下抑郁易感人格与这些真实自我指标之间的关系。

除此之外，有研究发现个体对他人自我表达方式在理解上存在文化差异(Kokkoris and Kühnen，2014)。具体而言，西方文化下，一个既表达自己喜欢什么，也表达自己不喜欢什么的个体，被认为具有更高的“真实性”，并且对于不喜欢的表达显得更重要，因为表达不喜欢设置了我与非我之间的界限。而在东方文化下，仅仅表达喜欢什么的个体才被认为“真实性”更高；对不喜欢的表达则被认为“真实性”较低。本节调查采用的真实自我表达问卷来自西方，未来可以考虑通过访谈或使用本土化真实自我问卷来进一步探讨中国文化背景下抑郁易感人格对真实自我表达的影响及具体细节。

4.2.5 结论

青少年大学生的抑郁易感人格对真实自我的表达呈现显著的负向预测作用，其中敏感好胜、退让顺从、自我专注 3 个维度具有最为负面的影响。

4.3 自我大小

4.3.1 问题提出

日常生活中，人们经常用与大小相关的隐喻来描述自我(王轶楠和杨中芳，2007)。总结中国人相关的表述认为，在中国文化的语境下，“大我”与“小我”是相对应的概念，“小我”类似于社会身份理论所说的个体化的自我，指的是在一个特定的社会情境中将个体与他们相区分的那些特征；“大我”等同于社会身份理论所指的社会身份，指的是那些将自我归入更多的具有包容性的社会单元分类，也是指以小我所属的团体(可以是家庭、工厂、社会、国家)为自身界限的、具有包容性的自己。比如，费孝通从社会结构的角度提出，中国人的“自我”是具有伸缩性的，每个人的“己”都是他社会影响所推出去的圈子的中心，被圈子的波纹所推及的就发生联系，进而构成其在某一时间、某一地点所动用的“大我”。

而从佛教中延伸出的“无我”概念也可与自我大小概念类比。佛学观点认为，主我才是最纯粹、最本质的自我。其观点强调无我，就是强调“假我”并非“实有”，是为了破除人们的我执及由于我执产生的诸种痛苦。假我即非形而上真常实有的实我，而是依众生的认识习惯方便而说的“我”。相对于“假我”的“真我”具有常、乐、我、净等特性，可担当起自在主宰功能的真正自我(彭彦琴等，2013)。

西方关于“小我”(small self，diminished self)的研究更多地围绕敬畏体验展开。在其定义中，“小我”即自我意识相对减弱，个体感知自我尺寸的缩小，感觉自己的存在和目标不再那么重要，以及相比于更广阔宏伟的事物，个体对自我相关目标的关注减少(Landau et al.，2011；Moser，2007；Schlegel et al.，2009)。在已有研究中，“小我”通常与积极的体验和结果密切相关。比如，那些将自己视为更大实体(如人类、自然或精神力量)中一小部分的人，表现出更多的感恩和同理心(Mccullough et al.，2002)。Piff 等(2015)的研究发现，敬畏体验所带来的“小我”感受，将减少对个体对自身利益的关注而增加亲社会倾向。类似的，关于“安静自我”(quiet ego)的研究发现，谦卑特质或者启动条件下的谦卑心态可以对死亡凸显效应产生缓冲作用，与更少的死亡焦虑和较低的防御性表现相关(Kesebir，2014)。Piff 等(2015)认为，谦卑心态背后不是自卑或者自我贬低，而是以真实而又平常的心态看到自我的局限，因此也能更加真实准确地看待他人与世界，并将自我与更宏大的概念(如上帝、自然或宇宙)相联系，从而呈现“忘我”的状态。实验证明，这种“安静自我”和谦卑之心除呈现个体特质性差异之外，也可以通过仰望星空、观看日出或者唤起相关的回忆来启动。

对比以上分析，可以看出，中国人的“大我”情怀与西方人知觉的“小我”有相通之处，都是强调忽略个人的目标与利益，而将自己融入更大的事物或框架之中。与佛教“无我”概念相似的是，它们都强调降低对客体自我的关注。相关的研究与论述也都一致认为，这能够帮助个体超越自我，保护个体心理健康，促进积极行为与体验。

如前所述，中国文化背景下抑郁易感人格的特点中，既有处处“考虑他人”的退让顺从维度，也有将自身意愿、要求夸大化的自我专注维度和处处要比人强的敏感好胜维度。而这些看似在“自我大小”问题上矛盾的态度，却集中体现在中国人抑郁易感个体身上。本书旨在通过实证研究，考察中国文化背景下抑郁易感人格与自我大小知觉的关系。同时为了回避语境与语义的分歧，本书借鉴前人的研究，采用图示的方法来测量自我大小。研究假设，采用图示的隐喻测验，抑郁易感人格将导致个体对知觉自我的放大。

4.3.2 研究方法

1. 测量工具

(1) 抑郁易感人格问卷。

(2) 自我大小的测量。本书采用 Bai 等 (2017) 编制的知觉自我大小量表 (perceived self-size scale) 的后 3 项，均为图示测量。具体而言，第一项要求被试从依次渐大的 7 个圆圈中选择一个代表知觉到的自己的大小；第二项，在有同等大小太阳为参照的 7 个依次渐大的人形图案中选择一个代表自己；第三项，在有同等大小太阳为参照的 7 个依次渐大的“我”字中选择一个代表自己。本节研究中，该量表的克隆巴赫 α 系数为 0.57。

2. 被试情况

本节采用整群抽样的方法，对四川某大学在校大二学生 220 人进行整群抽样，回收有效问卷 207 份，其中男生 39 人，女生 168 人，平均年龄为 20.28 岁 (SD=1.07)。

3. 施测与统计

本书在公共心理学课上对学生组织团体施测，向被试集体发放问卷。数据录入 SPSS19.0 统计分析软件进行统计。

4.3.3 结果分析

由相关性分析 (表 4-6) 可知，中国文化背景下抑郁易感人格与知觉自我大小之间的相关性很低。

表 4-6　抑郁易感人格与自我大小的相关性分析

因素	敏感好胜	封闭防御	自我专注	严谨认真	退让顺从
自我大小	−0.076	−0.083	0.009	0.042	−0.081

4.3.4 讨论

本节研究并不符合预期，统计分析结果显示，抑郁易感人格的 5 个维度与知觉自我大小之间都没有任何关联。导致这一结果的原因可能有两个。首先，中国人抑郁易感个体确实面临既非常在乎社会大众预期、集体性要求，又处于自身强烈、夸大的个人意愿和需要的矛盾与困扰之中。这导致其在衡量自我与集体、社会之间大小时的不确定性。他们既无法自我超越，也无法像自恋者那样坚持夸大自我。其次，从研究方法上，未来还可以尝试采用其他方式对知觉自我大小进行测量。在本节研究中，不排除个体自我大小的测量结果会受到抑郁易感个体自身低自尊水平的影响。在选择大小图片代表自己的过程中，自尊与“小我”之间的关系有待进一步考察。

4.3.5 结论

使用图示隐喻的方式测量青少年大学生知觉自我大小与抑郁易感人格各维度之间都没有关联。

第 5 章　抑郁易感人格的形成

5.1　亲子依恋关系的影响①

5.1.1　问题提出

Bowlby(1980)的依恋理论认为，在婴儿出生后的第一年里，婴儿与看护人之间欲维持亲密的行为与结果决定了其依恋的类型。这种依恋关系的结果事关个体内心的安全感。它与其他类型的社会关系在各方面都存在极大的差异。首先，依恋关系被认为是持续的而不是一时的。婴幼儿时期形成的与父母的依恋关系一般来讲是贯穿终生的。其次，尽管儿童可能形成不只一种依恋关系，但依恋对象之间的位置是不能互补和替换的。最后，儿童只有从这种依恋关系中才能获得安全感和舒适感。除此之外，Bowlby 还指出，个体在早期童年经验的基础上逐渐建立起对依恋对象的期望，指导个体在未来重要关系发展中的认知与行为。总之按照 Bowlby 的理论，亲子之间的依恋关系是不可替换的，且贯穿个体毕生。它是个体内心安全感的来源，同时也指导着个体未来的人际交往活动。

越来越多关于抑郁易感性起源的文献都证实，亲子依恋关系对于抑郁易感性的形成起着至关重要的作用(Scher et al.，2005)。Hammen(1996)关于抑郁易感性的人际关系理论也认为，儿童与重要他人之间亲密依附关系的缺失将降低其在未来维持与他人亲密人际关系的能力，进而提升个体的抑郁易感性。

因此，本书欲从亲子依恋关系入手，初步探讨中国文化背景下抑郁易感人格的家庭形成因素，并假设抑郁易感人格诸特征与亲子依恋关系有着密切的联系。

5.1.2　研究方法

1. 测量工具

(1)抑郁易感人格问卷。

(2)父母和同伴依恋问卷(inventory of parent and peer attachment，IPPA)。该问卷由 Armsden 和 Greenberg 编制，用来测量青少年与父母、好朋友关系中积极的和消极的情感、认知维度，尤其是测量这些人物在多大程度上作为青少年心理安全感的来源。该问卷的修订版包含测量青少年与父亲、母亲及同伴之间关系的 3 个分量表，各有 25 个题项，产生 3 个依恋分数。每个分量表都包含了 3 个维度，分别是信任、沟通和疏离。其中，信任分

① 该节部分内容已载于：四川师范大学学报(社会科学版)，2013，40(3)：96-100.

量表反映了相互理解和尊重的程度；沟通分量表测量口头沟通的程度；疏离分量表测量生气和人际孤立的感受。该量表在国内也已经进行了多次修订和使用(宋海荣，2004；王争艳等，2007；芦炎和张月娟，2008)。本节参考国内已修订的版本，仅使用有关父亲和母亲的两个分量表进行施测，其中父亲分量表在 3 个维度上的克隆巴赫 α 系数分别为 0.899、0.869、0.714，母亲分量表在 3 个维度上的克隆巴赫 α 系数分别为 0.857、0.814、0.727。

2. 被试情况

本节大学生有效被试共 271 人，其中男生 135 人，女生 134 人，一年级 125 人，二年级 104 人，三年级 39 人，部分被试个人资料缺失或不完整。

3. 程序

由作者团队组织集体施测。测试前表达知情同意，测试后致谢并提供部分反馈。

5.1.3 结果分析

1. 抑郁易感人格及其各维度与父母依恋关系的相关性关系

从表 5-1 和表 5-2 相关性分析的结果来看，大学生抑郁易感人格各因素与两种依恋关系的相关情况大致相同：敏感好胜、封闭防御、自我专注与依恋关系的所有维度相关性显著(其中与信任、沟通呈负相关关系，而与疏离呈正相关关系)，退让顺从则主要与依恋关系中的疏离维度显著正相关，严谨认真与两种依恋关系均不显著相关。

表 5-1 抑郁易感人格与对母亲依恋关系的相关性分析

因素	母亲依恋总分	信任	沟通	疏离
易感人格总体	−0.269**	−0.175**	−0.202**	0.373**
敏感好胜	−0.257**	−0.206**	−0.144*	0.366**
封闭防御	−0.294**	−0.180**	−0.278**	0.323**
自我专注	−0.214**	−0.173**	−0.133*	0.292**
严谨认真	−0.026	0.046	−0.048	0.085
退让顺从	−0.115	−0.060	−0.069	0.215**

注：*表示 $p<0.05$，**表示 $p<0.01$，***表示 $p<0.001$，下同。

表 5-2 抑郁易感人格与对父亲依恋关系的相关性分析

因素	父亲依恋总分	信任	沟通	疏离
易感人格总体	−0.245**	−0.194**	−0.172**	0.306**
敏感好胜	−0.295**	−0.223**	−0.234**	0.345**
封闭防御	−0.236**	−0.191**	−0.186**	0.254**
自我专注	−0.174**	−0.165**	−0.085	0.235**

续表

因素	父亲依恋总分	信任	沟通	疏离
严谨认真	−0.019	0.001	−0.046	0.010
退让顺从	−0.122*	−0.056	−0.099	0.199**

2. 回归分析

运用逐步回归分析，将个体对父母依恋关系的各维度同时代入回归方程，考察对抑郁易感人格各维度最有预测效力的依恋因子，个体对父母依恋关系与抑郁易感人格各维度的回归结果见表 5-3。表 5-3 结果表明，与父母的疏离，特别是与母亲的疏离对于这 4 个易感人格维度的影响最大。

表 5-3　个体对父母依恋关系与抑郁易感人格各维度的回归分析

因素	进入顺序	R	R^2	R^2 变化	F	Beta	t
敏感好胜	1.与母亲疏离	0.364	0.132		40.751**	0.252	3.804**
	2.与父亲疏离	0.405	0.165	0.032	26.199**	0.212	3.199**
封闭防御	1.与母亲疏离	0.322	0.104		30.850**	0.322	5.554**
自我专注	1.与母亲疏离	0.289	0.084		24.375**	0.289	4.937**
退让顺从	1.与母亲疏离	0.216	0.047		13.022**	0.216	3.609**

3. 性别、父母依恋关系与抑郁易感人格的关系

为了具体考察个体对父母依恋类型、性别对抑郁易感人格（严谨认真除外）的影响，对被试的依恋类型进行划分后使用多元方差分析法来考察。

本节根据亲子依恋得分将青少年划分为安全依恋和不安全依恋两类，并参考王争艳等（2007）的做法对依恋类型进行划分。具体方法如下：信任维度（10 个题项）的得分范围是 10～50，中数为 30；沟通维度（9 个题项）的得分范围是 9～45，中数为 27；疏离维度（6 个题项）得分范围是 6～30，中数为 18。本节将在信任维度上得分大于或者等于 30，在沟通维度上得分大于或者等于 27，并且在疏离维度上的得分小于或者等于 18 的被试界定为安全依恋，其余为不安全依恋。根据该划分方法，本节将大学生被试划分为 4 类：①与父亲安全依恋且与母亲安全依恋组（完全安全依恋）；②仅与母亲安全依恋组（与父亲不安全依恋）；③仅与父亲安全依恋组（与母亲不安全依恋）；④与父亲不安全依恋且与母亲不安全依恋组（完全不安全依恋）。被试依恋类型分布情况见表 5-4。

表 5-4　被试依恋类型分布

依恋类型	男生	女生	总计
完全安全依恋	53	48	101
仅与母亲安全依恋	29	42	71
仅与父亲安全依恋	20	16	36

续表

依恋类型	男生	女生	总计
完全不安全依恋	33	28	61
总计	135	134	269

以易感人格各因素为因变量，使用多元方差分析：2(男、女)×4(完全安全依恋、仅与母亲安全依恋、仅与父亲安全依恋、完全不安全依恋)进行分析，性别、依恋类型在抑郁易感人格及其各维度上的差异检验(*F* 值)结果见表 5-5。

表 5-5 性别、依恋类型在抑郁易感人格及其各维度上的差异检验(*F* 值)结果

因素	依恋类型	性别	性别×依恋类型
敏感好胜	5.728**	0.470	0.997
封闭防御	6.181**	2.375	1.550
自我专注	1.995	0.060	1.225
退让顺从	1.863	0.002	1.324

统计结果表明，只有依恋类型在敏感好胜和封闭防御两个因素上的主效应显著，而性别与依恋类型的交互作用在任一易感人格因素上都不显著。对依恋类型的主效应做进一步的分析，抑郁易感人格的依恋类型差异的多重比较分析结果见表 5-6。

表 5-6 抑郁易感人格的依恋类型差异的多重比较分析

因素	1	2	3	4	*F*	LSD
	完全安全	仅与母亲安全	仅与父亲安全	完全不安全		
	M±SD	M±SD	M±SD	M±SD		
敏感好胜	2.84±0.57	3.13±0.48	3.03±0.53	3.15±0.56	5.728**	1<2，1<4
封闭防御	2.67±0.51	2.81±0.46	2.95±0.43	2.99±0.62	6.181**	1<2，1<3，1<4
自我专注	2.31±0.54	2.44±0.44	2.45±0.42	2.49±0.53	1.995	1<4
退让顺从	3.03±0.55	3.21±0.44	3.15±0.47	3.15±0.63	1.863	1<2

由表 5-6 可知，尽管依恋类型在易感人格中两个因素(自我专注、退让顺从)上的差异 *F* 值不显著，但多重比较分析结果显示，完全安全依恋组在各易感人格因素上的得分都显著低于完全不安全依恋组或部分安全依恋组。

5.1.4 讨论

本节的结果证实了抑郁易感人格与个体和父母依恋关系之间的密切联系，其中亲子之间的疏离，特别是与母亲的疏离对于抑郁易感人格的形成影响最大。如前所述，IPPA 中的疏离分量表测量生气和人际孤立的感受。这与以往国内外的研究结果比较一致。例如，

Gerlsma 等(1990)的研究在考察了瑞典、意大利、匈牙利和德国被试后发现，所有国家的抑郁个体相对于健康个体，其对母亲的描述都包含了缺乏耐心和温情、更少的激励和更多的拒绝等特征。另外，研究证实与父母都有安全依恋关系的个体，其抑郁易感人格得分显著较低。研究没有发现显著的性别主效应或相关的交互作用，显示在各抑郁易感人格特征的形成中，与父亲或母亲的依恋关系对男孩和女孩所发挥的影响程度都是大致相当的。

除此之外，本书发现严谨认真因素与依恋关系不相关，说明该特征的形成另有其重要原因没有在本书中得到体现。由于严谨认真维度和已有研究中完美主义的特征有部分相似，可以从关于完美主义形成的诸多理论(王敬群和梁宝勇，2005)中获得启发，Missildine 和 Hamachek 的社会期望理论认为，父母对儿童的高期望是儿童严谨认真产生的根源；Babdura 提出的社会学习理论认为，儿童的完美主义倾向是通过模仿父母而发展起来的，由于儿童对父母都有一种理想化的观念，无论其父母是否是完美主义者，都会把父母视为“完美的人”，并希望通过自己的努力而成为像父母一样“完美的人”；Kaner 等的社会反应理论认为，儿童的完美主义是对严酷环境条件(如身体虐待、心理折磨、爱的剥夺、羞辱及不稳定的家庭环境等)或者逆境的社会反应，儿童对这种环境的应对机制是尽可能让自己变得完美。由此可以认为，有严谨认真特征的个体，其与父母的依恋关系并不一定是不安全的，只是父母对其期望过高，或者父母从小在个体心目中过于完美，个体害怕自己“有辱家门”，让父母失望，由此养成了做事极度认真细致，严格遵守规矩的“好”习惯；也有可能是因为个体从小体验到家庭条件不好，“穷人的孩子早当家”，因此责任感极强，自己对自己的约束也更加严格。

本节研究的主要局限在于被试较少，考虑的家庭影响因素有限。在原本的研究设计过程中，作者还考虑了父母情况(包括父母分居或离异、父亲或母亲去世、父亲或母亲重病等)和本人幼年寄养经历等因素，但由于得到的某些类型被试数量过少，未分析该方面的数据。未来研究有必要扩大被试量，并考虑更多家庭影响因素(如家庭经济情况、父母职业类型等)进行更加深入的考察。

5.1.5　结论

青少年大学生父母依恋关系与抑郁易感人格之间的关系密切，与父母均为安全依恋者，其抑郁易感人格得分显著低于完全不安全依恋组或部分安全依恋组。亲子之间的疏离，特别是与母亲的疏离对于抑郁易感人格的形成影响最大。但所有抑郁易感人格特征中，严谨认真因素与依恋关系之间关联不大。

5.2　左右前额神经活动对称性

5.2.1　问题提出

本节研究的目的在于，基于以往的研究文献，首次将 EEG 研究应用于考察无抑郁症病史、无抑郁症家族史，但具有抑郁易感特征的正常个体的神经活动特异性。

如前所述，国外研究者提出并证实，使用 EEG 对大脑 α 波(8～13Hz)的测量中所表征出来的左右前额神经活动的对称状况，可以反映出个体对于情绪刺激的不同反应倾向，并且这种反应倾向是稳定存在的。其中，对于一般人的研究[如 Davidson 等(2004)]也发现，左前额活动的增多与积极情绪及心理免疫功能相联系；而以抑郁症康复者、抑郁症患者子女(包括婴儿、青少年)为被试的研究(Dawson et al.，1997； Tomarken et al.，2004)在比较易感个体与非易感个体左右前额活动的对称性后认为，左前额神经活动性的相对不足是抑郁易感性的一个稳定指标。

由此，本节假设中国人抑郁人格易感性较高者较之易感性较低者，存在左前额神经活动性相对不足的情况。由于 α 波平均能量密度越高显示该区域神经活动性越弱。因此具体而言，本节预期，在 EEG 测量中，高易感个体表现出左右前额 α 波平均能量密度之差(左-右)显著高于低易感个体。

5.2.2 研究方法

1. 被试情况

本节基于以往研究中使用抑郁易感人格问卷对大学生的测量结果，在排除左利手、抑郁症病史及抑郁症家族史等因素后，挑选出易感人格总体高分组 17 人(男生 9 人，女生 8 人，平均年龄为 19.3 岁)，低分组 18 人(男生 6 人，女生 12 人，平均年龄为 18.9 岁)。

2. 程序

(1)所有被试完成《流调中心用抑郁量表》(CES-D)。

(2)被试采用坐姿，告知其将在安静放松状态下完成 8 组一分钟的脑电观测，其中 4 组在睁眼情况(O)下，4 组在闭眼情况(C)下。随机安排被试按照如下两个顺序完成睁眼和闭眼状态下的观测。

A：O—C—C—O—C—O—O—C

B：C—O—O—C—O—C—C—O

每组观测开始，以纯音一声提示；每组结束，以纯音两声提示。其中，第四组和第五组之间间隔 3min，其他各组间隔 45s。

纯音刺激由 Edifier 耳机呈现，声音强度为 50dB，频率为 974Hz，声音刺激均由 Adobe Audition 1.5 产生。实验程序由 E-Prime 1.1 编制，刺激的呈现和反应记录均由计算机自动控制。

(3)向被试致谢并做必要说明。

3. 脑电数据的记录

本节使用德国 Brain Products 公司的 ERP 记录与分析系统，按国际 10～20 系统扩展的 64 导电极帽记录 EEG，以双耳乳突的连线作为参考电极，双眼外侧安置电极记录水平眼电(HEOG)，左眼上下安置电极记录垂直眼电(VEOG)。每个电极处的头皮电阻保持在5kΩ 以下。滤波带通为 0.01～100Hz，采样频率为 500Hz/导。完成连续记录 EEG 后离线(off line)处理数据，自动校正 VEOG 和 HEOG，并充分排除其他伪迹。采用 Brain Products 公司分析软件(Analyzer)对各个条件的 EEG 进行快速傅里叶变换(FFT)。方差分析的 P 值均用 Greenhouse-Geisser 法校正。

5.2.3　结果分析

1. 抑郁水平

用 t 检验考察高低易感组在实验前的抑郁水平之间的差异，结果显示二者无显著差异($M_{高}$=33.20；$M_{低}$=32.33；t=1.426 ，P=0.172)。

2. 高低易感组前额活动的对称性

根据以往文献(Tomarken et al.，1990；1992；2004)，选取 F3、F4 电极对 α 波的平均能量密度进行 2(被试：高易感、低易感)×2(性别：男、女)×2(电极：F3、F4)三因素重复测量方差分析。由于本节关心的是对称性的问题，因此主要关注的是交互作用的影响。具体分析结果见表 5-7 和表 5-8。

表 5-7　前额中部(F3、F4)α 波平均能量密度的被试内差异检验(F 值)结果

变量	F 值	df
电极	6.793*	1
电极×组别	5.725*	1
睁眼、闭眼	42.731**	1
睁眼、闭眼×组别	0.461	1
电极×睁眼、闭眼	0.723	1

表 5-8　前额中部(F3、F4)α 波平均能量密度的被试间差异检验(F 值)结果

变量	F 值	df
组别	1.101	1
性别	0.031	1

由表 5-8 可知，组别差异与电极的交互作用显著。对此交互作用做进一步的分析，结果见表 5-9 和图 5-1。由分析结果可知，高低易感者在前额脑区神经活动中表现出的对称性有显著差异，且这种差异具体表现如下：高易感者左右前额脑区神经活动性几乎没有差异，而低易感者左前额脑区的活动性显著高于右前额脑区(α 波平均能量密度左边显著低于右边)。

表 5-9 电极×组别在前额中部(F3、F4)α 波平均能量密度差异上的多重比较表

组别	电极		电极差异	MD	SE
高易感组	F3	F4			
M	0.092	0.092	F3-F4 (左边-右边)	0.001	0.004
SD	0.017	0.018			
低易感组					
M	0.110	0.125	F3-F4 (左边-右边)	-0.015**	0.004
SD	0.017	0.018			

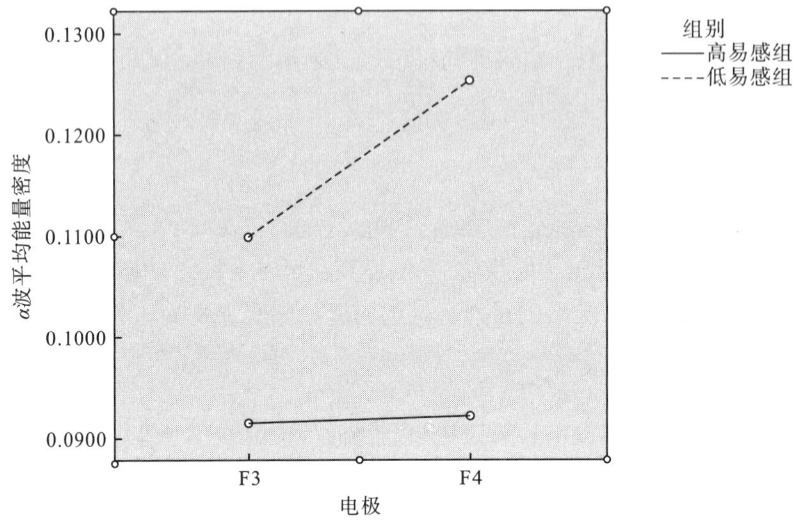

图 5-1 电极(F3、F4)×组别在 α 波平均能量密度上的差异

5.2.4 讨论与结论

本书首次使用 EEG 考察了无抑郁症病史和家族史，但具有抑郁易感人格的正常大学生的左右前额神经活动的对称性，结果完全符合预期。具有高抑郁易感人格特征的个体，相对表现出左前额神经活动性的不足。这一结果也证实，左右前额神经活动的对称性状况确实是抑郁易感性的一个稳定指标，其表现不依赖于抑郁症病史或家族史。它反映出个体对消极情绪的体验较深且相对缺乏心理免疫力的特点。

5.3 认知神经活动特异性

5.3.1 问题提出

以往的研究在抑郁症患者(Diner，1985；吕静等，2008)、抑郁症康复者(Dietrich et al., 2004)及抑郁症患者的正常子女(Zhang，2007)中间都发现了 ERP 的 P3b 波成分波幅显著

减小的情况。这些研究结果让研究者认为，这种现象与抑郁症状的轻重无关，而是一种稳定存在的差异和特质。而 P3b 波的波幅是目标评价和加工强度的敏感指标，它随目标的有效加工而成比例地增长，反映了工作记忆的资源(孙天义等，2008)。在有抑郁症病史和家族史的个体中发现的这一特异性，反映出抑郁易感个体在对目标的主动察觉和确定上存在困难。

为了进一步确认和分析这一可能存在的抑郁易感性的脑电指标，特别是排除抑郁症病史和家族史的影响，本书首次以正常大学生为被试，使用自编《抑郁易感人格问卷》筛选出抑郁的高低易感组，并使用视觉 GO/NOGO 实验范式考察两组在认知神经活动上的差异。

基于已有文献，本书假设，较之于低易感组，高易感组在 GO / NOGO 实验范式下反应的准确率更高，但反应时间更长；实验所诱发的 P3b 波波幅显著减小，潜伏期显著延长。

5.3.2　研究方法

1. 被试情况

同上一节实验。

2. 实验刺激

计算机屏幕背景为黑色，刺激为大小不同的两组白色字母 H 和 Y，而同一组内的 H 和 Y 采用同一规格的尺寸。实验程序由 E-Prime 1.1 编制，刺激的呈现和反应记录均由计算机自动控制。

3. 实验设计

在显示器中央呈现一系列较大(5°视角)和较小(4.7°视角)的大写字母 H 和 Y。将实验程序分为 A、B 两个部分。其中，在 A 部分，较大的字母为 GO 刺激，要求被试对之进行按键反应；而较小的字母为 NOGO 刺激，要求被试不做按键。刺激以伪随机的顺序呈现，每次呈现 100ms，刺激间的时间间隔为 1300～2100ms(平均间隔为 1700ms)随机变化。在 A 部分呈现 500 个刺激，其中 H-GO 刺激、Y-GO 刺激、H-NOGO 刺激、Y-NOGO 刺激各 125 次。被试被要求集中注视显示器中央，左右手分别置于键盘上的 F 和 J 键上方。当屏幕中出现较大的 H，用左手按 F；当屏幕中出现较大的 Y 时，用右手按 J。要求被试尽量做到又快又准地反应。反应时在 200～1200ms 内的按键动作反应被视为有效。程序 B 部分跟第一部分类似，但要求被试对较小的 H 和 Y 进行反应，同样是左手对 F 反应，右手对 J 进行反应。对所有被试完成 A、B 两个部分的测试，并对二者的先后顺序在被试间进行了平衡。

4. 实验程序

(1)练习阶段。首先，要求被试认真阅读指导语，并在 A、B 两部分正式实验之前，均设置练习任务，以便被试熟悉实验材料，特别是对较大字母和较小字母的区分。一轮练习任务包含 20 个刺激，在被试的每一次反应之后均有正确或错误的反馈，只有当被试的准确率到达 90%以上后，才进入正式实验。

(2) 正式实验阶段。要求被试坐在固定位置上，头部尽量不要活动，按照指导语又快又准地对实验刺激进行反应，并特别强调，准确率和速度同样重要。正式实验中，被试每次反应之后没有正确或错误的反馈。

5. 脑电数据的记录与处理

本节要求被试在安静环境下(相对隔音、温度控制在 25℃左右)，清醒睁眼，以相同的视距和视角坐在计算机屏幕前。正式记录之前，被试经过训练熟悉并正确掌握如何按键。本节使用德国 Brain Products 公司的 ERP 记录与分析系统，按国际 10～20 系统扩展的 64 导电极帽记录 EEG，以双耳乳突的连线作为参考电极，双眼外侧安置电极记录水平眼电(HEOG)，左眼上下安置电极记录垂直眼电(VEOG)。每个电极处的头皮电阻保持在 5kΩ 以下。滤波带通为 0.01～100Hz，采样频率为 500Hz/导。完成连续记录 EEG 后离线处理数据，自动校正 VEOG 和 HEOG，并充分排除其他伪迹。

对 EEG 进行分类叠加，得到 GO 任务及 NOGO 任务的两类 ERP，测量 N1、P3 的波幅与峰潜伏期(基线-波峰值)。对总平均图进行观察可知，两组被试进行 GO/NOGO 任务所诱发的 ERP 波形在 N1 时即产生了明显的分离，在后部电极这种分离最为显著，参考以前的文献(Houston，2003；Zhang，2007)，选择 P3、P4 电极，对 N1、P1 的峰值和潜伏期进行 2(被试：高易感、低易感)×2(任务：GO，NOGO)×2(电极：P3、P4)的重复测量方差分析。方差分析的 P 值均用 Greenhouse-Geisser 法校正。

对不同被试间 GO 和 NOGO 任务所诱发的 ERP 成分波幅潜伏期及两组被试对 GO 任务的正确率和正确反应的反应时间等作独立样本 t 检验；对两组被试对 GO 或 NOGO 刺激进行正确反应时的 ERPs 成分进行多因素方差分析，显著性水平 a=0.05。

5.3.3 结果分析

1. 行为数据

t 检验结果表明，对于 GO 刺激正确反应的反应时，高易感组[(483.84 + 59.45)ms]与低易感组[(460.11+ 47.17)ms]无显著差异(P=0.306)；对 GO 刺激的命中率，高易感组(95.94%+3.23%)与低易感组(94.61%+4.08%)无显著差异(P=0.707)；虚报率高易感组(4.01%+3.70%)与低易感组(3.56%+2.84%)也无显著差异(P=0.204)。总之行为数据并没有符合预期，两组之间所有行为指标均无显著差异。

2. 脑电数据

对 P3、P4 电极进行分析得出的脑电波形图如图 5-2 和图 5-3 所示。

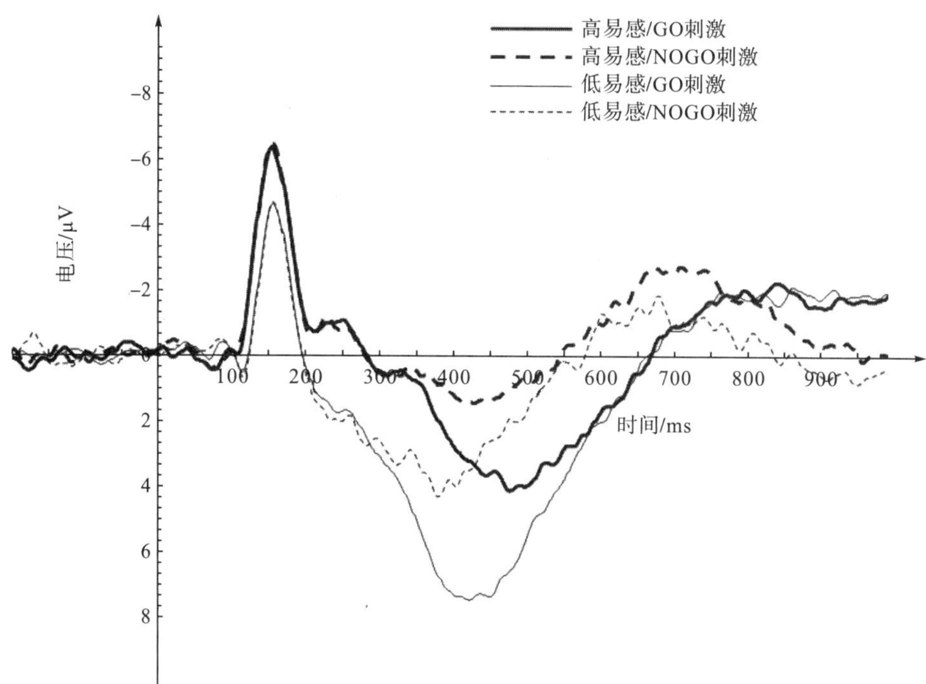

图 5-2　P3 电极高低易感组分别在 GO/NOGO 刺激下的波形图

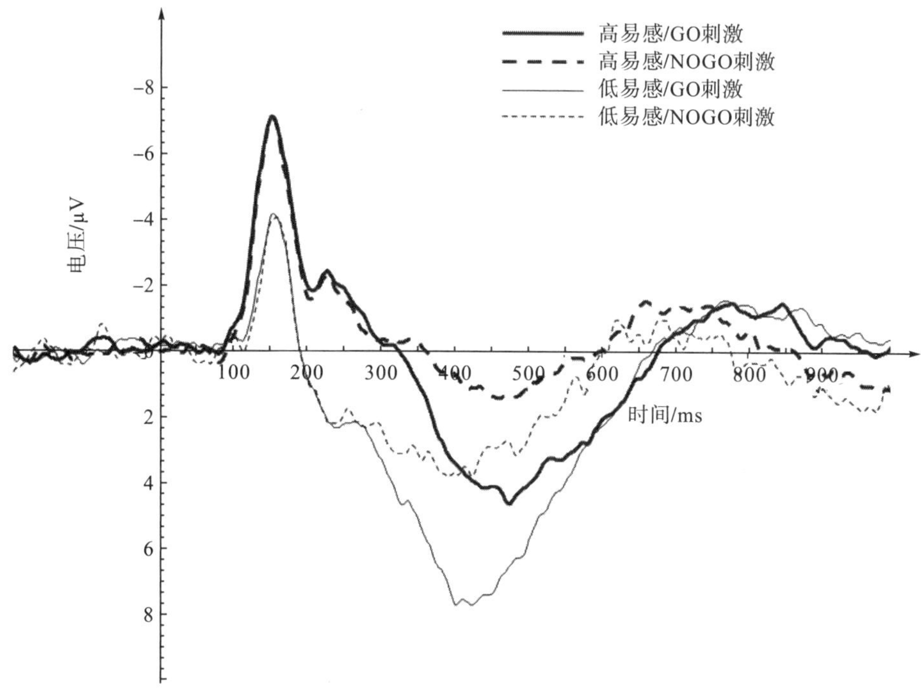

图 5-3　P4 电极高低易感组分别在 GO/NOGO 刺激下的波形图

1) 对 P3b 波的分析

在 P3、P4 两个电极上，对高低易感组的 P3b 波波幅与潜伏期的差异检验结果见表 5-10、表 5-11、表 5-12 和表 5-13。波幅的差异检验结果见表 5-10 和表 5-11。

表 5-10 P3b 波波幅的被试内差异检验结果

变量	*F* 值	df
电极	0.044	1
电极×组别	0.059	1
反应类型(GO / NOGO)	21.428**	1
反应类型×组别	0.041	1
电极×反应类型	0.183	1

表 5-11 P3b 波波幅的被试间差异检验结果

变量	*F* 值	df
组别	6.837*	1

潜伏期的差异检验结果见表 5-12、表 5-13。由表 5-12 和表 5-13 可见，除典型的 GO/NOGO 反应类型在被试内主效应显著之外，只有被试组别(高易感和低易感)对波幅、潜伏期的主效应显著，对此主效应进行进一步分析，P3b 波波幅与潜伏期的组别差异的多重比较分析结果见表 5-14。

表 5-12 P3b 波潜伏期的被试内差异检验结果

变量	*F* 值	df
电极	0.739	1
电极×组别	0.649	1
反应类型(GO / NOGO)	19.824**	1
反应类型×组别	1.17	1
电极×反应类型	2.228	1

表 5-13 P3b 波潜伏期的被试间差异检验结果

变量	*F* 值	df
组别	4.510*	1

表 5-14 P3b 波波幅与潜伏期的组别差异的多重比较分析

参数		组别		电极差异	MD	SE
波幅	*M*	4.303	8.141	高易感-低易感	-3.837*	1.468
	SD	1.023	1.052			
潜伏期	*M*	420.361	359.667	高易感-低易感	60.694*	28.579
	SD	19.918	20.495			

由表 5-14 可见，高易感组较之于低易感组，GO/NOGO 任务在顶叶处所诱发的 P3b 波波幅显著较小，潜伏期显著较长。

2) 对 N1 波的分析

在 P3、P4 两个电极上，对高低易感组的 P3b 波波幅和潜伏期的差异检验结果见表 5-15、表 5-16、表 5-17 和表 5-18。波幅的差异检验结果见表 5-15、表 5-16。

表 5-15　N1 波波幅的被试内差异检验结果

变量	*F* 值	df
电极	1.547	1
电极×组别	0.489	1
反应类型(GO / NOGO)	0.422	1
反应类型×组别	0.090	1
电极×反应类型	0.224	1

表 5-16　N1 波波幅的被试间差异检验结果

变量	*F* 值	df
组别	5.275*	1

潜伏期的差异检验结果见表 5-17、表 5-18。

表 5-17　N1 波潜伏期的被试内差异检验结果

变量	*F* 值	df
电极	0.339	1
电极×组别	0.845	1
反应类型(GO / NOGO)	2.710	1
反应类型×组别	2.171	1
电极×反应类型	0.844	1

表 5-18　N1 波潜伏期的被试间差异检验结果

变量	*F* 值	df
组别	1.475	1

由此可见，只有组别对 N1 波波幅的主效应显著，对此主效应进行进一步分析，N1 波波幅的组别差异的多重比较分析结果见表 5-19。表 5-19 分析结果表明，高易感组较之于低易感组，GO / NOGO 任务在顶叶处所诱发的 N1 波波幅显著较大。

表 5-19 N1 波波幅的组别差异的多重比较分析结果

参数		组别		电极点差异	MD	SE
波幅	*M*	−8.800	−5.086	高易感−低易感	−3.714*	1.617
	SD	1.127	1.160			

5.3.4 讨论

本节在行为数据上没有发现抑郁高易感组和低易感组有显著差异。而之前如Zhang(2007)等研究则发现高易感组反应的正确率更高，反应时间更长，显示出高易感个体实验时注意力高度集中的特点和轻微的强迫性倾向。但是，之前的研究选取的被试都是抑郁症患者、有抑郁症病史或者家族史者，而本节特意排除了这些干扰因素而选取正常大学生，可能因此而使得高低易感组的差异在外显行为上体现不出来。

而在实验所诱发的 P3b 波上，两组被试的差异则显现出来，高易感组的波幅较小，而潜伏期较长，反映出其在刺激出现时，对目标的觉察和确定存在困难。该结果也进一步确认了 P3b 波的这一特异性状况是抑郁易感性的一个可靠指标。

另外，本书还发现高易感组较之低易感组，实验在顶叶处所诱发的 N1 波波幅显著较大。根据文献，这里所诱发的 N1 波属于视觉空间注意的早期 ERP 成分，而波幅主要反映参加脑活动的激活的神经元数量，波幅的高低与神经元激活的数量成正比，并反映信息加工时心理负荷的强度(段青等，2005)。由此可见，该差异可能反映出抑郁高易感个体在早期注意过程中注意资源高度集中、心理负荷较强的特点。这与本书强调中国文化背景下抑郁易感人格中敏感好胜、谨小慎微的特点相吻合。

最后，本节是以自编问卷为基础筛选出的抑郁的高低易感组，两组之间在外显行为数据上没有显著差异，但在认知神经活动中显现出差异，该事实证明了自编《抑郁易感人格问卷》对于测查抑郁易感个体具有较高的灵敏度。

5.3.5 结论

本节首次以无抑郁症病史、无抑郁症家族史的正常大学生为被试，使用视觉GO/NOGO 实验范式考察了抑郁高低易感组之间的行为与神经活动的差异。结果表明，实验诱发的 P3b 波波幅的显著减小是抑郁易感性的一个可靠指标，它反映出抑郁易感个体在目标觉察与确认过程中存在困难。除此之外，抑郁高易感组较之低易感组，其 N1 波的波幅显著较大，反映出其在空间早期注意中的高度集中和较大的心理负荷。

第 6 章　研究总结和讨论

抑郁易感人格是那些与外界压力交互作用使得个体更易于罹患抑郁症或者抑郁情绪持续增长的个体稳定的人格特征。本书通过系列研究获得了有关中国文化背景下抑郁易感人格的特征、结构、内涵、认知神经活动特异性及其与抑郁和积极体验之间关系的系统化资料。本书秉持人格与社会心理学研究“中国化”以及“心理学要服务于社会”的宗旨，为未来进一步探讨中国人的人格与抑郁之间的关系打下了初步的理论基础，也为解决相关现实性的问题提供了参考。

6.1　抑郁易感人格测量工具

本书研究参考了国内外相关文献和量表，并通过对国内精神科医师和护士的深入开放式问卷调查和访谈调查，总结出中国人抑郁的易感人格是由五个方面的特征组成，并在此基础上形成问卷的初始条目，对来自重庆市、宁波市、成都市等地的大学生测试获得的数据分别进行探索性因素分析和验证性因素分析。探索性因素分析结果抽取出敏感好胜、封闭防御、自我专注、严谨认真和退让顺从五个因素；验证性因素分析结果表明，中国人抑郁的易感人格五因素结构模型各项拟合指标较好。

对中国文化背景下抑郁易感人格各因素之间、各因素与总分之间的相关分析发现，各因素之间具有中等程度的相关性，各因素与问卷总分却具有较高的相关性，说明各因素既有一定的独立性，又体现问卷测量的是同一心理特质，问卷具有较好的结构效度。相关问卷的克隆巴赫 α 系数、Guttman 分半信度和重测信度等指标均表现良好，特别是较高的重测信度保证了问卷是对稳定人格——而非抑郁症状——的测量这一关键性问题。对有抑郁症病史和无抑郁症病史者的横向比较结果发现，有抑郁症病史者不论在问卷总体上，还是在各维度上，得分都显著高于无抑郁症病史者，证明问卷具有较好的效标效度。对一般大学生 3 个月的追踪调查表明，问卷总体和各维度与应激的交互作用可以有效地预测个体抑郁水平的变化，具有良好的预测效度。对基于问卷所筛选出来的具有高低抑郁易感性的正常大学生进行的认知神经活动的实验更加证实问卷对于筛选抑郁易感个体具有很好的区分效度和较高的灵敏度。

综上所述，本书自编的抑郁易感人格问卷由 49 个正式题项构成，包含了敏感好胜、封闭防御、自我专注、严谨认真和退让顺从 5 个维度，问卷具有良好的信度和效度，是在中国文化背景下进行抑郁易感人格研究的有效测评工具。

6.2 抑郁易感人格的内涵及影响

本书中，抑郁易感人格的5个因素分别描述的是中国文化背景下抑郁易感个体在对待自己的态度、对待他人的态度、人际沟通的方式和程度、人际关系处理的方式及做事态度等方面的典型特征。从形成原因到与自我的关系，再到对个体抑郁的影响程度和机制，5个方面的特征之间既有相通之处，又有所区隔。

6.2.1 敏感好胜

敏感好胜因素主要描述的是个体对待他人的态度方面的特征。具有该特征的个体通常只将他人视为“裁判员”或“竞争对手”，反过来也就把自己长期置于紧张的“竞技状态”之中，表现出好与他人做比较又怕被别人比较、对他人的评价和反应过分敏感等特点。研究表明，这一特点与个体对父母的依恋关系密切相关，特别是可能由于其从小与父亲和母亲的疏离关系所造成。它导致个体过分看重他人的参照作用，失去自我肯定的能力，呈现出低自我价值感，并在日常生活中通过不断的、各式各样的“比较”带来自我价值感的不稳定性。从大五人格的结构来看，高神经质能够较大程度地描述该人格特征。

与其他易感人格特征相比，敏感好胜因素对于个体的抑郁表现出极强的预测作用。一方面，该因素导致个体不分场合、不分领域的“与人比较”和“被人比较”，这本身就足以使得个体比其他人承受更大的心理负担和体验更多的失败经历，并因而产生抑郁；另一方面，其“好比较”“不愿求助他人”的特点使得周围的人易对其采取敬而远之的态度而减少其社会支持，加剧产生抑郁。领悟社会支持在其间起到部分中介作用。另外，即便面临积极事件，敏感好胜者也可能因其更关注事件的“意义”而非此时真切的愉悦体验，从而失去对当下美好感受的增强和维持，失去将积极事件的积极性最大化的机会。敏感好胜使得个体更多地从内心视他人为比较对象而非自由表达的对象，从而阻碍了真实自我的表达。

从另一个角度来讲，该因素也是中国人“面子观”极端化表现的一种。胡先缙(1989)曾指出，“面子代表在中国广受重视的一种声誉，这是在人生经历中步步高升，藉由成功和夸耀而获致的名声，也是藉着个人努力或刻意经营积累起来的声誉。要获得这种肯定，不论任何时候都要仰赖外界环境”。如此看来，敏感好胜个体正是那些出于自己对“完全依赖外界环境”的声誉的过度渴望而苦心经营的部分中国人。

6.2.2 封闭防御

封闭防御因素主要描述的是个体人际沟通方式和程度方面的特征。具有该特征的个体内心难以信任他人，行为表现为防御性独处或交往的表面化甚至表演化，缺乏与他人的深度沟通和交流。从大五人格的结构来看，低外向性和低宜人性能够部分描述其特征。

研究表明，封闭防御与个体对父母的依恋关系特别是对母亲的疏离有密切联系。由于该因素导致个体社会支持的减少，它与自我价值感呈现负相关关系，并带来自我价值感的不稳定性。同时，封闭防御因素及其与应激的交互作用对于个体抑郁也有极强的影响作用，且这种影响作用主要是由于个体在面对压力时严重缺乏社会支持或主观上无法感受到社会支持而造成的，领悟社会支持在其间起到完全中介作用。

从积极心理学的视角来看，封闭防御维度以其掩饰、回避的人际行为模式，人为地阻断了与他人拉近关系的路径，阻碍了基本心理需要中关系需要的满足；同时在面临积极事件时，阻碍了个体对当下美好感受的品味与珍视；最后它也非常显著地抑制了个体对真实自我的洞察和表达。

6.2.3　自我专注

自我专注因素主要描述的是个体对待自己的态度方面的特征。具有该特征的个体内心狭隘，内心体验复杂且深刻，并由此片面关注个人的意愿和需要，无法体谅他人，无法客观感受周围世界。从大五人格的结构来看，高神经质和低宜人性能够部分描述其特征。

研究表明，自我专注因素也与个体对父母的依恋关系特别是对母亲的疏离有密切联系。由于个体狭隘关注自己未满足的需要和未履行的意愿，个体因此产生一种稳定的无望情绪和低自我价值感，对自我价值感不稳定性影响不大。而自我专注对于一般大学生的抑郁水平也表现出显著的影响作用，且这种影响也是通过领悟社会支持的完全中介作用实现的。自我专注的特点导致个体片面强调和夸大自己的需要，主观上会“永远认为别人对自己的支持远远不够”，并可能因此而导致“越是亲近的人，越对他不耐烦”的客观现实，个体由此而带给旁人“自私”“固执”的印象，进一步减少其实质的社会支持，随之而来的便是无望感的加剧和抑郁的产生。

从积极心理学的视角来看，自我专注者可能因其过于纠缠于内心琐碎、多变而复杂的体验与意愿，扰乱其本应有的一致性、连续性的行为与结果，降低个体对生命意义感的体验，阻碍其自主、关系及胜任 3 种基本心理需要的满足，阻碍其对过去美好事件与体验的回味，最后反而降低其对真实自我的表达。

6.2.4　严谨认真

具有严谨认真特征的个体为人严格刻板、谨小慎微、责任心极强、做事要求尽善尽美、缺少应有的灵活性。在所有易感人格特征中，严谨认真具有其特殊性。研究表明，该因素与个体对父母的依恋关系并不相关，而可能与其他(如父母期望、父母在个体心目中的完美形象及家庭条件等)因素有关。从大五人格的结构来看，高尽责性与高神经质能够部分描述其特征。

严谨认真因素与自我价值感无显著相关，显示具有该特征的个体，相比于他人来说，在平时对于自我的评价并不低，但却因为自己过分严格刻板的要求而时常体验到失败，因而对自我价值感不稳定性起到显著的正向影响作用。在对个体抑郁的预测研究中，严谨认真本身与抑郁水平不相关，但它与应激的交互作用却对抑郁有着显著的预测作用。这一结果显示出严谨认真对个体的消极影响存在极大的“隐蔽性”，也是对易感性-压力模型的最好诠释。严谨认真本身与抑郁症状并没有直接联系，其表现不仅符合个体的“安全”需要，也符合一般社会预期，在一般情况下不仅是正常的，甚至是一种“优点”，但一旦遭遇应激状况，个体的“刻板”“不灵活”“爱钻牛角尖”等缺点就会极大地暴露出来，个体无法像往常一样“尽善尽美”“面面俱到”，挫败感、无望感和内疚感骤增，抑郁便产生了。除此之外，严谨认真也被发现对生命意义的探寻起到显著的正向预测作用。在所有抑郁易感人格特征中，严谨认真也最为直接地表现于外部行为上。

6.2.5 退让顺从

退让顺从因素主要描述的是个体处理人际关系的特征。具有该特征的个体在人际交往中胆小退缩、委曲求全、害怕直面人际矛盾和利益冲突。从大五人格的结构来看，高神经质与低尽责性能够部分描述其特征。

研究表明，退让顺从特征也与个体对父母的依恋关系特别是对母亲的疏离有密切相关。由于该因素导致个体在人际交往中的自贬自抑，它与自我价值感呈现显著负相关，并带来自我价值感的不稳定性。在对正常大学生抑郁水平的预测研究中，退让顺从虽然与两次抑郁水平的相关或偏相关均显著，但它在层次回归分析中却表现出对抑郁最弱的预测力。结合之前重测信度的考察结果，可以认为，较之于其他因素，退让顺从特征的表现程度会伴随个体抑郁水平的变化而产生波动，稳定性稍差。抑郁症状可能通过某种方式对该人格特征产生反向固化和增强作用。未来还需要进一步的研究来考察该特征与抑郁的关系。

从积极心理学的视角来看，退让顺从者由于惯常于压抑自己的意愿，顺从他人，既影响了自己目标的达成，也可能在受人驱使中完成任务后也得不到应有的胜任感和效能感，降低个体对生命意义的体验；阻碍基本心理需要中的自主及胜任需要的满足；在积极事件面前，既阻碍个体对当下美好瞬间、愉悦体验的专注与维持，也阻碍其对美好事件的积极预期与憧憬；较大程度地阻碍个体对真实自我的表达。

该特征也具有浓厚的中国文化背景，从根本上讲，仍然是“面子观”极端化的另一种表现。中国的传统文化强调“以和为贵”，“礼让”“谦和”乃是“君子所为”，是传统美德，但事实上它更是个体在中国特有文化背景之下维护自我和谐、赢得社会支持以保证自身适应与发展的手段。杨中芳指出，在中国的传统哲学理念中“自我”非常受重视，其具有相当程度的主动性、自主性和自由度，但主要表达在“克己复礼”的道德实践上，目的是让自我与社会合一，并达到道德上的“至善”。因此强调打破“小我”的边界而将自我发展成为包括其他许多人的“大我”。除此之外，她也强调，中国人的社会观中的人际规范特点是互赖、互报，西方人的则是独立、互利(王登峰等，2006)。由此可见，中国人的“谦让”本应是打破“小我”发展“大我”的主动的、自主的、自由的行为，其“谦让”的对象也是个体自主选择的，其目的在于维持与他人的互赖、互报。而本书中的退让顺从个体则是在毫无原则的情况下，被动地内心极不情愿地对他人不加选择地采取妥协退让态度。具有该特征的个体只注重到了广为社会所赞许的“以和为贵”的外在行为表现，害怕担上“伤和气”的罪名，却忽略了“以和为贵”的根本出发点，将自己陷于压抑和自我极度不和谐的境地。俗语说“死要面子，活受罪”大概便是如此。

6.3　中西方抑郁易感人格特征的比较

对比本书研究所得出的中国文化背景下抑郁易感人格的主要特征与西方抑郁易感人格的概念，二者的差异主要表现在以下两方面。

第一，中国人抑郁易感特征的表现没有西方人那么直接和外显，而是带有极大的防御性和掩饰性。其外在行为表现与内心想法之间存在极大的冲突和背离。在本书访谈调查中，医师多次谈到与中国抑郁症患者接触时非常常见的一个现象：患者初次来就诊时，一般只强调自己有头疼、失眠等躯体症状，要求开些安眠药；再经过一阵子的接触后，他们开始承认“最近”心理状况“突然莫名其妙地”变得糟糕，而“从前都是好好的”；直到病情严重，自己实在撑不住或者感受到医师的耐心与真诚以后，他们才会彻底向医师袒露心声。作者在精神科门诊坐班的一个月里也体验到，抑郁症患者开始常常会否认该病症与自己的性格有关，而在填完相关题项之后才对研究者的工作有所认同并采取配合的态度。

事实上，在日常生活中，抑郁易感个体的掩饰性表现在各个方面：他们可能好与人比较，但不会摆出外显的竞争姿态，更不会向他人提出明确的挑战，而宁可自己悄悄下功夫；他们可能非常想知道别人是怎么评价自己的，但却不会直接向别人询问；他们可能对周围“朋友”并不真正信任，却与他们交往热络；他们可能心情很不好，却表现出一派轻松自如；他们可能此刻很需要亲人的关注，却表现出对亲人的冷漠和“静观其变”的态度；他们可能内心愤愤不平，外表却是一味的顺从……。而这些，在西方抑郁易感人格的相关理论与量表中是没有的。中国文化背景下抑郁易感人格的这一特点，加大了本书探讨抑郁易感人格相关问题的难度，要求我们在工作中更加耐心和细致，一定要透过其外表行为的种种假象，深入分析其内在想法和体验。

第二，西方抑郁易感理论中的“依赖”或者“社会性依赖”的概念在中国抑郁易感人格特征中的表现不明显，或者说表现方式有很大不同。如前所述，在西方，这一维度又被称为条件性人际定向，是与“自我批评”或“自主”所代表的条件性成就定向相对的概念(Sheldon，2004)。作者认为，正如 Robins(1994)的个人风格问卷(PSI)中对社会性依赖三因素的划分(担忧、依赖和取悦他人)，它事实上包含了 3 部分内容：过分看重他人的评价；对他人不作区分的情感依附；对他人主动的取悦示好。这 3 部分内容中，在中国文化背景下抑郁易感人格特征中表现最为充分的当属第一部分内容。但是与西方人不同，中国人抑郁易感个体的这一特征表现并不是源自个体的人际取向，相反，它更多地被包含于个体成就取向明显的敏感好胜因素里面。也就是说，与西方人不同，中国的抑郁易感个体之所以看重他人的评价，其目的并不在于与他人保持友好的互动关系，而是为了实现自己的个人成就，即获得之前所说的“完全依赖外界环境”的声誉——中国人的面子。西方抑郁易感人格理论中“对他人不作区分的情感依附”的特点在中国易感个体中并没有体现，相反，中国抑郁易感个体的情感依附对象通常比较单一，仅限于自己的恋人或亲属等极少数人，其表达方式也极为内敛和压抑，对其他人的信任度则通常较低。值得一提的是，在研究者的初测问卷中本来有描述个体对亲属过分的情感依附的题项，但在随后的探索性因素分析中并没有得以保留，显示该题项可能并不是中国抑郁易感个体的主要特征。对他人主动的取悦示好的特征也并不符合中国的抑郁易感个体。它可能与退让顺从因素有较大的相似性，但是如前所述，中国易感个体的这种表现通常都是被动的，内心是“心不甘，情不愿”的。换言之，一贯采取主动取悦示好行为的中国人并不属于抑郁易感个体。另外，如前所述，中国抑郁易感个体的退让顺从行为具有其特有的中国文化背景，是另一类“面子观”极端化的表现。

本书所得出的这一差别也与已有的跨文化研究结果相一致。如前所述，使用西方抑郁易感人格问卷——抑郁体验量表(DEQ)对中国人(方建群和姚树桥，2008)、阿拉伯人(Abu-Kaf and Priel，2008)和日本人(Kuwabara et al.，2004)等集体主义文化下的被试进行的调查都表明，原量表中的第二因素——自我批评上升为第一大因素，而依赖因素对于日本的抑郁症患者和正常人无区分效果；对比集体主义和个人主义文化下的被试则发现，自我批评倾向成为集体主义文化背景下抑郁易感者的重要特征。这些结果都表明，较之于西方的“自主”或“自我批评”，集体主义文化使得代表个体人际取向的 “依赖”——特别是主动的和外显的 “依赖”——更具适应性。

事实上，之前许多国内人格心理学家已经注意到中国人的这一特点。黄希庭和夏凌翔(2004)指出：“中国人的人格动力是把个人的发展与群体的发展结合在一起的，有‘义以为上’的特点；而在西方心理学家看来，个人活动的动力就是‘因为我想要’，自由就是不受限制的选择”。杨国枢(2005)认为中国人的日常生活适应方式偏社会取向，其主要特征包括家族取向、关系取向、权威取向及他人取向。关系取向中又有关系互依性的特点，权威取向中又有权威依赖的特点，他人取向又有顾虑人意与顺从他人的特点。李媛和黄希庭(2002)认为，个体一生都伴随着自立与依赖的斗争，依赖从多到少，而自立则从少到多，似乎是一个此消彼长的过程，最终达到一个维持心理健康的平衡点，如果做什么事情都不求人并不是健康有效的行为。甚至于在对中国人健全人格中“自立”概念的研究中，夏凌翔(2006)也强调自立人格是一种辩证性的人格特征。这首先表现在，自立强调人际关系，暗含相互依赖的因素。这与西方传统的独立、自主等概念强调人际分离、自我依靠形成鲜明对比。自立是在独立与依赖之间的有效平衡，而不是绝对的依靠自己。在其对自立人格的理论建构中，更是同时强调个人自立和人际自立两大领域。

由此，我们便可以理解代表人际取向特征的“依赖”，这个在西方抑郁易感人格理论中的第一大因素，在中国抑郁易感人格特征中并非主要内容。

6.4 研究的创新与贡献

6.4.1 研究的创新之处

(1)本书将基础性人格理论和研究与临床病理学研究相结合，促进基础性人格理论应用于实际，服务于社会。

(2) 本书首次在中国文化背景下，采用自下而上的方式系统探索和分析抑郁易感人格的特征和结构。

(3) 本书基于最新研究成果，首次考察无抑郁症病史和家族史的抑郁易感个体的大脑神经活动特异性。

6.4.2　研究的主要贡献

(1) 理论贡献。本书采用科学的方法，系统探索和分析出了中国文化背景下抑郁易感人格的特征、结构、内涵及对抑郁的影响机制，编制出了信度和效度均较高的抑郁易感人格的测量工具，为日后研究中国人的人格与抑郁之间的关系打下了初步的理论基础。

(2) 实践意义。本书为抑郁预防工作的顺利开展，特别是对抑郁易感个体的筛选和辅导干预提供了科学的参考。同时也帮助各类型心理健康服务人员，特别是经验较少的服务人员，充分认识到抑郁症患者的人格基础，以更加耐心细致、有的放矢地开展工作。

6.5　研究的局限与未来研究的展望

本书研究的主要局限在于被试取样范围较小，探索性调查的信息主要来源于宁波市、武汉市等城市，问卷施测对象主要限于重庆市、宁波市、四川省三地的大学生，人口统计学特征未得到充分的挖掘；关于易感人格对抑郁影响的追踪研究中，追踪时间较短，观测次数较少；对抑郁易感人格与自我的关系及抑郁易感人格形成原因的考察不够全面和深入等。因此，部分相关研究的被试较少；未来还需要更多的研究进行更加全面的探讨。

(1) 继续本次追踪调查，进一步考察易感人格对抑郁变化影响趋势的稳定性。

(2) 扩大研究对象的范围和数量，对全国不同地域、年龄段、职业类型、家庭条件、性别等的被试进行调查，最好能坚持长年的追踪调查，并引入临床指标，充分了解我国抑郁易感人格的人口统计学特征及易感人格对抑郁水平和抑郁症患病率的影响。

(3) 多方法、多角度地考察中国文化背景下抑郁易感人格的形成原因和影响因素。

(4) 本书已经发现了中西方抑郁易感人格特征及其表现存在不同，但并不了解文化作用的机制。未来需要更加细致地考察中国社会文化与各易感人格因素的关系，以及文化在易感人格对抑郁的影响中所起的作用。

(5) 西方已经开始反省易感人格在某些情境下可能存在的适应性，而从本书的结果，特别是对严谨认真因素的研究结果中，我们也注意到了这一点。那么易感人格究竟是如何表现出其不适应性的呢？它与抑郁之间又是否完全是线性关系呢？在何种类型或者何种程度的应激之下，易感人格的不适应性才会真正表现出来呢？未来也需要更多的研究来探讨中国文化背景下抑郁易感人格的不适应性本质的问题。

(6) 如前所述，西方研究者已基于抑郁的认知易感性及积极心理学的视角开展各项青少年抑郁预防项目，并已基于实证数据，对项目进行持续的完善和更新。未来研究可以基于中国文化背景下抑郁易感人格的特点，筛查抑郁易感个体，有针对性地发展抑郁预防项目，并可在实践检验中进一步丰富和完善中国文化背景下的抑郁易感人格理论。

6.6 研究结论

本书从开放式问卷和深度访谈入手，以典型的中国抑郁易感个体为对象，探索并提出了中国人抑郁易感人格的基本理论架构；随后以正常大学生为对象，以抑郁易感人格问卷编制为核心过渡，基于概念结构和概念关系的实证数据论证了抑郁易感人格各因素概念的合理性；并就中国文化背景下抑郁易感人格对抑郁、生命意义、基本心理需要等重要心理变量的影响，与自我的关系，易感人格形成的原因，以及认知神经活动的特异性等问题进行了考察。总结研究结果，可以得到以下几个主要结论。

(1) 中国人抑郁易感人格的特征主要体现在个体对待自己的态度、对待他人的态度、人际沟通方式、人际关系处理方式及做事态度 5 个方面。同时，中国人抑郁易感个体存在内在人格与外在人格极度不协调的状况。中国人“面子观”的极端化表现是抑郁易感人格的重要内容。

(2) 本书自编的《抑郁易感人格问卷》包含敏感好胜、封闭防御、自我专注、严谨认真和退让顺从 5 个维度，共 49 个正式题项。它具有较好的信度和效度，达到了心理测量学的要求。

(3) 从大五人格的结构来看，高神经质能够较大程度地描述敏感好胜；低外向性和低宜人性能够部分描述封闭防御；高神经质且低宜人性能够部分描述自我专注；高尽责性和高神经质能够部分描述严谨认真；高神经质和低尽责性可以部分描述退让顺从。

(4) 中国人抑郁易感人格及其各维度可以有效预测一般大学生抑郁水平的提高，领悟社会支持在其中发挥重要的中介作用。退让顺从、自我专注对生命意义感的体验有显著的负向预测作用。退让顺从、自我专注和封闭防御对自主、关系和胜任等基本心理需要的满足带来显著的负向影响作用。面对积极事件，自我专注阻碍了个体的回味，敏感好胜、封闭防御干扰了个体对当下的品味，封闭防御又阻碍了个体对未来美好的憧憬。

(5) 中国文化背景下抑郁易感人格中的敏感好胜、封闭防御、自我专注和退让顺从因素与低自我价值感相关；敏感好胜、封闭防御、严谨认真和退让顺从对个体自我价值感不稳定性有显著的正向影响作用。敏感好胜、退让顺从和自我专注对真实自我的表达有显著的负向预测作用。抑郁易感人格与图示隐喻测量的自我大小之间无关。

(6) 个体对父母的依恋关系与中国人抑郁易感人格之间关系密切。亲子之间的疏离，特别是与母亲的疏离对于抑郁易感人格的影响最大。但严谨认真因素与依恋关系之间并无显著的相关性。

(7) 在排除抑郁症病史和家族史后，具有典型中国文化背景下抑郁易感人格特征的个体仍然呈现出显著的认知神经活动特异性。高易感组相对于低易感组表现出左前额神经活动性的不足，并在视觉 GO/NOGO 实验范式下的脑电水平上表现出对目标的察觉和确认存在困难，以及空间早期注意资源的高度集中和较强的心理负荷。

参考文献

毕重增，2006. 自信人格理论的建构. 重庆：西南大学.

毕重增，黄希庭，2006. 清晰度对自信预测效应的影响. 心理科学，29(2)：271-273.

毕重增，黄希庭，2007. 中国文化中自信人格的内涵和功能. 心理科学进展，15(2)：224-229.

蔡华俭，2003. 外显自尊，内隐自尊与抑郁的关系. 中国心理卫生杂志，17(5)：331-336.

曹衍淼，王美萍，曹丛，等，2013. 抑郁遗传基础的性别差异. 心理科学进展，21(9)：1605-1616.

陈红，黄希庭，郭成，2002. 中学生人格特征与应对方式的相关研究. 心理科学，25(5)：520-522.

陈基越，徐建平，黎红艳，等，2015. 五因素取向人格测验的发展与比较. 心理科学进展，23(3)：460-478.

程文红，刘漪，范娟，等，2006. 抑郁障碍青少年患者病前家庭因素研究. 中国行为医学科学，15(10)：901-902.

程文红，王祖承，2005. 青少年抑郁发病家庭因素研究. 上海精神医学，17(1)：50-52.

段青，宋为群，罗跃嘉，2005. 不同范围区域性提示下视觉空间注意的早期 ERP 研究. 第四军医大学学报，26(3)：276-279.

方建群，姚树桥，2008. 抑郁体验问卷中文版在 640 名大学生中的信效度检验及两种评分系统比较. 中国心理卫生杂志，22(3)：184-188.

盖笑松，张向葵，2005. 多层线性模型在纵向研究中的运用. 心理科学，28(2)：429-431.

古玉，2004. 恋人依恋型的交互作用初探. 重庆：西南大学.

郭丁荣，任俊，张振新，2013. 品味: 主动用心地感受积极体验. 心理科学进展，21(7)：1262-1271.

郭文斌，姚树桥，卢永红，等，2003. 抑郁症患者生活事件及社会支持特征的研究. 中国心理卫生杂志，17(10)：693-695.

洪炜，姬雪松，马晓军，2004. 抑郁障碍患者人格特征与发病关系的研究. 中国行为医学科学，13(5)：502-503.

胡赤怡，李维榕，吴敏伦，2004. 儿童青少年抑郁与父母婚姻冲突及破裂. 国外医学: 精神病学分册，31(3)：132-134.

胡先缙，1989. 中国人的面子观. 台北:巨流图书公司：57-78.

黄希庭，2003. 自信心及其培养. 北京：新华出版社.

黄希庭，2006. 压力、应对与幸福进取者. 西南师范大学学报(人文社会科学版)，32(3):1-6.

黄希庭，2007a. 构建和谐社会呼唤中国化人格与社会心理学研究. 心理科学进展，15(2)：193-195.

黄希庭，2007b. 心理学导论(第二版). 北京：人民教育出版社.

黄希庭，2017. 人格研究中国化之我见. 心理科学，40(6)：1518-1523.

黄希庭，凤四海，王卫红，2003. 青少年学生自我价值感全国常模的制定. 心理科学，26(2)：194-198.

黄希庭，夏凌翔，2004. 人格中的自我问题. 陕西师范大学学报(哲学社会科学版)，33(2)，108-111.

黄希庭，杨雄，1998. 青年学生自我价值感量表的编制. 心理科学，21(4)：289-292.

黄希庭，尹天子，2012. 从自尊的文化差异说起. 心理科学，35(1)：2-8.

黄希庭，尹天子，2016. 做幸福进取者. 南京：江苏人民出版社.

黄希庭，余华，2002. 青少年自我价值感量表构念效度的验证性因素分析. 心理学报，34(5)：69-74.

黄希庭，郑涌，李宏翰，2006. 学生健全人格养成教育的心理学观点. 广西师范大学学报(哲学社会科学版)，42(3)：90-94.

乐国安，2002. 当前中国人际关系研究. 天津：南开大学出版社.

李玉娥，周玉萍，王玉革，2005. 抑郁障碍和人格障碍共病与父母养育方式的关系. 中国行为医学科学，14(7)：629-631.

李媛，2002. 大学生自立意识的初步研究. 重庆：西南大学.

李媛，黄希庭，2002. 依赖研究的现状与启示. 西南大学学报(社会科学版)，28(2)：81-85.

林初锐，李永鑫，胡瑜，2004. 社会支持的调节作用研究. 心理科学，27(5)：1116-1119.

凌宇，杨娟，蚁金瑶，2013. 沉思在高中生神经质人格与抑郁症状关系中的中介效应. 中国临床心理学杂志，21(4)：87-90.

刘靖东，钟伯光，姒刚彦，2013. 自我决定理论在中国人人群的应用. 心理科学进展，21(10)：1803-1813.

刘贻德，2002. 漫谈抑郁症. 上海精神医学，14(2)：117-119.

芦炎，张月娟，2008. 初中生抑郁与依恋、自我效能感的关系研究. 心理发展与教育，24(1)：55-59.

吕静，苗丹民，贡京京，等，2008. 首发抑郁症患者新异 Oddball 模式下 P300 波形特征研究. 中国临床心理学杂志，16(3)：230-233.

牛更枫，鲍娜，周宗奎，等，2015. 社交网站中的自我呈现对生活满意度的影响: 积极情绪和社会支持的作用. 心理发展与教育，31(5)：563-570.

彭彦琴，江波，杨宪敏，2013. 无我:佛教中自我观的心理学分析. 宗教心理学，43：213-220.

石伟，黄希庭，2007. 自尊的记忆效应的实验研究. 心理科学，30(4)：782-784.

舒首立，郭永玉，黄希庭，2015. 中国人的自尊结构初探. 心理学探新，35(5)：425-431.

宋海荣，2004. 青少年依恋，自尊及其二者关系的发展性研究. 上海：华东师范大学.

宋维真，张建新，张建平，等，1993. 编制中国人个性测量表（CPAI)的意义与程序. 心理学报，25(4)：66-73.

孙蒨如，2014. 华人的真实自我. 心理学探新，34(1)：11-14.

孙天义，肖鑫，郭春彦，2008. 预知任务转换的内源性准备和外源性调节. 心理学报，40(5)：562-570.

孙晓玲，李晓文，吴明证，2006. 青少年自我复杂性的测量及其压力缓冲作用探讨. 心理学报，38(05)：751-761.

孙晓玲，邱扶东，吴明证，2007. 自我复杂性模型研究述评. 心理科学进展，15(2)：338-343.

孙燕青，2001. 儿童抑郁的相关家庭因素. 心理学动态，9(2)：168-172.

汪宏，2007. 大学生意志行动的探索性研究. 重庆：西南大学.

汪宏，窦刚，黄希庭，2006. 大学生自我价值感与主观幸福感的关系研究. 心理科学，29(3)：597-600.

汪向东，王希林，马弘，1999. 心理卫生评定量表手册. 北京：中国心理卫生杂志社.

王丹芬，雷晓明，刘临兰，等，2004. 中国人的抑郁症及其社会文化思考. 中国全科医学，7(5)：315-317.

王登峰，崔红，2005. 解读中国人的人格. 北京：社会科学文献出版社.

王登峰，崔红，2008. 中西方人格结构差异的理论与实证分析——以中国人人格量表（QZPS)和西方五因素人格量表(NEO PI-R)为例. 心理学报，40(3)：327-338.

王登峰，黄希庭，2007. 自我和谐与社会和谐——构建和谐社会的心理学解读. 西南大学学报人文社会科学版，33(1)：1-7.

王登峰，贾晓明，杨中芳，2006. 中国式抑郁. 家庭科技，1：39.

王高华，唐记华，王晓萍，等，2006. 抑郁障碍青少年父母养育方式、应对方式归因风格及其相关性研究. 中国行为医学科学，15(2)：123-124.

王敬群，梁宝勇，2005. 完美主义发展模型综述. 心理与行为研究，3(4)：314-318.

王轶楠，杨中芳，2007. 小我争(护)面子与大我争面子导向之关系的探讨. 西南大学学报(社会科学版)，33(6)：20-27.

王争艳，赵冬艳，雷雳，2007. 亲子性话题沟通风格对青少年性行为和性态度的预测: 依恋的调节效应. 心理学报，39(6)：1063-1073.

温忠麟，侯杰泰，张雷，2005. 调节效应与中介效应的比较和应用. 心理学报，37(2)：268-274.

席明静，张月娟，李玉霞，等，2007. 抑郁症患者内隐自尊及其稳定性研究. 中国心理卫生杂志，21(11)：756-758.

夏凌翔，2006. 青少年学生自立人格的理论与实证研究. 重庆：西南大学.

谢钰涵，陈有国，苏丹，等，2005. 重庆市大学生抑郁与人格特征的相关研究. 高校保健医学研究与实践，2(2)：26-29.

徐华春，黄希庭，柳春香，等，2009. 抑郁的人格易感性：概念、理论与发展. 心理学科学进展，17(2)：370-376.

阳德华，2004. 大学生抑郁和人格关系初探. 健康心理学杂志，12(3)：235-236.

杨波，黄希庭，1997. 两种抑郁倾向人格：社会性依赖性和自律自责性的概念及测量. 中国临床心理学杂志，5(3)：186-189.

杨国枢，2005. 华人社会取向的理论分析. 台北：远流出版公司：172-213.

杨娟，章晨晨，姚树桥，2010. 高中生沉思与应激性生活事件对抑郁症状的影响:1 年追踪研究. 心理学报，42(9)：939-945.

姚若松，梁乐瑶，2010. 大五人格量表简化版（NEO-FFI）在大学生人群的应用分析. 中国临床心理学杂志，18(4)：457-459.

姚树桥，罗英姿，杨娟，等，2009. 大学生神经质人格对抑郁症状的影响：一年追踪研究. 中国临床心理学杂志，17 (5)：598-600.

叶俊杰，2006. 领悟社会支持、实际社会支持与大学生抑郁. 心理科学，29(5)：1141-1143.

张建新，周明洁，2006. 中国人人格结构探索——人格特质六因素假说. 心理科学进展，14(04)：574-585.

张连云，2006. 大学生抑郁产生的相关因素研究. 贵州师范大学学报自然科学版，24(3)：46-49.

张姝玥，许燕，杨浩铿，2010. 生命意义的内涵，测量及功能. 心理科学进展，18(11)：1756-1761.

张向葵，田录梅，2005. 自尊对失败后抑郁、焦虑反应的缓冲效应. 心理学报，37(2)：240-245.

张轶文，甘怡群，2006. 完美主义对抑郁的影响及人格的调节作用. 中国临床心理学杂志，14(4)：381-383.

赵菊，2005. 抑郁的人际模式——人格、人际情境与抑郁. 心理发展与教育，21(1)：100-103.

郑剑虹，2004. 自强的心理学研究:理论与实证. 重庆：西南大学.

周玉萍，刘霞，2003. 抑郁障碍与人格障碍的共病研究. 山东精神医学，16(4)：254-256.

邹涛，姚树桥，2006. 抑郁认知易感性应激模式的研究：起源、发展和整合. 心理科学进展，14(5)：762-768.

Abramson L Y，Alloy L B，Hankin B L，et al.，2002. Cognitive vulnerability-stress models of depression in a self-regulatory and psychobiological context. InGotlib I H，Hammen C L（Eds.），Handbook of depression，New York: Guilford.

Abramson L Y, Metalsky G I, Alloy L B, 1989. Hopelessness depression: A theory-based subtype of depression. Psychological review, 96(2)：358-372.

Abu-Kaf S，Priel B，2008. Dependent and self-critical vulnerabilities to depression in two different cultural contexts. Personality and individual differences，44(3)：689-700.

Allen J J, Iacono W G, Depue R A, et al.，1993. Regional electroencephalographic asymmetries in bipolar seasonal affective disorder before and after exposure to bright light. Biological psychiatry，33(8-9)：642-646.

Arndt J，Schimel J，Greenberg J，et al.，2002. The intrinsic self and defensiveness: evidence that activating the intrinsic self reduces self-handicapping and conformity. Personality and social psychology bulletin，28(5)：671-683.

Asarnow J R，Goldstein M J，Tompson M，et al.，1993. One-year outcomes of depressive disorders in child psychiatric in-patients: Evaluation of the prognostic power of a brief measure of expressed emotion. Journal of child psychology and psychiatry，34(2)：129-137.

Bagby R M, Gilchrist E J, Rector N A, et al.，2001. The stability and validity of the sociotropy and autonomy personality dimensions as measured by the revised personal style inventory. Cognitive therapy and research，25(6)：765-779.

Bai Y，Maruskin L A，Chen S，et al.，2017. Awe, the diminished Self，and collective engagement: universals and cultural variations in the small self. Journal of personality and social psychology，113(2)：185-209.

Bartholomew K，Horowitz L M，1991. Attachment styles among young adults:a test of afour-category model. Journal of personality and social psychology, 61(2): 226-244.

Beardslee W R, Wright E J, Salt P, et al. , 1997. Examination of children's responses to two preventive intervention strategies over time. Journal of the American academy of child and adolescent psychiatry, 36(2): 196-204.

Beck A T, 1991. Cognitive therapy: a 30-year retrospective. American psychologist, 46(4): 368-375.

Beck A T, Epstein N, Harrison R P, et al. , 1983. Development of the sociotropy-autonomy scale: a measure of personality factors in psychopathology. Unpublished manuscript, Philadelphia, PA: University of Pennsylvania.

Beevers C G, 2005. Cognitive vulnerability to depression: A dual process model. Clinical psychology review, 25(7): 975-1002.

Bibring E, 1953. The mechanism of depression. In Greenacre(Ed.), affective disorders: psychoanalytic contribution to their study. New York: International Universities Press.

Bieling P J, Beck A T, Brown G K, 2000. The sociotropy–autonomy scale: structure and implications. Cognitive therapy and research, 24(6): 763-780.

Birmaher B, Ryan N D, Williamson D E, et al. , 1996. Childhood and adolescent depression: a review of the past 10 years. Part I. Journal of the American academy of child and adolescent psychiatry, 35(11): 1427-1439.

Biswas-Diener R, Kashdan T B, King L A, 2009. Two traditions of happiness research, not two distinct types of happiness. The journal of positive psychology, 4(3): 208-211.

Blatt S J, 1995. The destructiveness of perfectionism: implications for the treatment of depression. American psychologist, 50(12): 1003-1020.

Blatt S J, D' Afflitti J P, Quinlan D M, 1976. Experiences of depression in normal young adults. Journal of abnormal psychology, 85(4): 383-389.

Blatt S J, Zuroff D C, 1992. Interpersonal relatedness and self-definition: Two prototypes for depression. Clinical psychology review, 12(5): 527-562.

Border R, Johnson E C, Evans L M, et al. , 2019. No support for historical candidate gene or candidate gene-by-interaction hypotheses for major depression across multiple large samples. American journal of psychiatry, 176(5): 376-387.

Bowlby J, 1980. Attachment and loss: Loss. New York :Basic Books.

Bryant F, 2003. Savoring beliefs inventory (SBI): a scale for measuring beliefs about savouring. Journal of mental health, 12(2): 175-196.

Bryant F, Veroff J, 2007. Savoring: a new model of positive experience. Journal of organizational change management, 20(6): 880-884.

Campbell J D, Trapnell P D, Heine S J, et al. , 1996. Self-concept clarity: Measurement, personality correlates, and cultural boundaries. Journal of personality and social psychology, 70(1): 141-196.

Cardemil E V, 2000. The prevention of depressive symptoms in inner-city, minority middle school students [Ph. D. Thesis]. Philadelphia, PA: University of Pennsylvania.

Chen B, Vansteenkiste M, Beyers W, et al. , 2015. Basic psychological need satisfaction, need frustration, and need strength across four cultures. Motivation and emotion, 39(2): 216-236.

Chioqueta A P, Stiles T C, 2005. Personality traits and the development of depression, hopelessness, and suicide ideation. Personality and individual differences, 38(6): 1283-1291.

Clark D A, Steer R A, Beck A T, et al. , 1995. Psychometric characteristics of revised sociotropy and autonomy scales in college students. Behaviour research and therapy, 33(3): 325-334.

Clarke G N, Hornbrook M, Lynch F, et al. , 2001. A randomized trial of a group cognitive intervention for preventing depression in adolescent offspring of depressed parents. Archives of general psychiatry, 58(12): 1127-1134.

Compas B E, Connor-Smith J K, Saltzman H, et al. , 2001. Coping with stress during childhood and adolescence: problems, progress, and potential in theory and research. Psychological bulletin, 127(1): 87-127.

Compas B E, Connor-Smith J, Jaser S S, 2004. Temperament, stress reactivity, and coping: implications for depression in childhood and adolescence. Journal of clinical child and adolescent psychology, 33(1): 21-31.

Coyne J C, Whiffen V E, 1995. Issues in personality as diathesis for depression: The case of sociotropy-dependency and autonomy-self-criticism. Psychological bulletin, 118(3): 358-378.

Davidson R J, 1988. EEG measures of cerebral asymmetry: conceptual and methodological issues. International journal of neuroscience, 39(1-2): 71-89.

Davidson R J, 1998. Affective style and affective disorders: perspectives from affective neuroscience. Cognition and emotion, 12(3): 307-330.

Davidson R J, Kabat-Zinn J, Schumacher J, et al. , 2003. Alterations in brain and immune function produced by mindfulness meditation. Psychosomatic medicine, 65(4): 564-570.

Davidson R, Kabat-Zinn J J, Rosenkranz M, et al. , 2004. Alterations in brain and immune function produced by mindfulness meditation. Psychosomatic Medicine, 65(4): 148-152.

Dawson G, Frey K, Panagiotides H, et al. , 1997. Infants of depressed mothers exhibit atypical frontal brain activity a replication and extension of previous findings. Journal of child psychology and psychiatry, 38(2): 179-186.

De Raedt R, Schacht R, Franck E, et al. , 2006. Self-esteem and depression revisited: Implicit positive self-esteem in depressed patients?Behaviour research and therapy, 44(7): 1017-1028.

Deci E L, Ryan R M, 2000. The "what" and "why" of goal pursuits: human needs and the self-determination of behavior. Psychological Inquiry, 11(4): 227-268.

Deci E L, Vansteenkiste M, 2004. Self-determination theory and basic need satisfaction: Understanding human development in positive psychology. Ricerche di psicologia, 27(1): 23-40.

Dietrich D E, Hauser U, Peters M, et al. , 2004. S100B blood levels and target evaluation processes in remitted patients with recurrent major depression. Neuroscience letters, 354(1): 69-73.

Diner B C, Holcomb P J, Dykman R A, 1985. P300 in major depressive disorder. Psychiatry research, 15(3): 175-184.

Dunkley D M, Blankstein K R, Flett G L, 1997. Specific cognitive-personality vulnerability styles in depression and the five-factor model of personality. Personality and individual differences, 23(6): 1041-1053.

DunkleyD M, Blankstein K R, Zuroff D C, et al. , 2006. Self-critical and personal standards factors of perfectionism located within the five-factor model of personality. Personality and individual differences, 40(3): 409-420.

Dunn E W, Gilbert D T, Wilson T D, 2011. If money doesn't make you happy, then you probably aren't spending it right. Journal of consumer psychology, 21(2): 115-125.

Flett G L, Hewitt P L, 2002. Perfectionism: Theory, research, and treatment. Washingtonn, DC: American Psychological Association.

Franck E, De Raedt R, 2007. Self-esteem reconsidered: Unstable self-esteem outperforms level of self-esteem as vulnerability marker for depression. Behaviour research and therapy, 45(7): 1531-1541.

Franck E, De Raedt R, Barbez C, et al. , 2008. Psychometric properties of the Dutch Rosenberg self-esteem scale. Psychologica belgica, 48(1): 25-35.

Franck E, De Raedt R, De Houwer J, 2007a. Implicit but not explicit self-esteem predicts future depressive symptomatology. Behaviour research and therapy, 45(10): 2448-2455.

Franck E, De Raedt R, Dereu M, et al. , 2007b. Implicit and explicit self-esteem in currently depressed individuals with and without suicidal ideation. Journal of behavior therapy and experimental psychiatry, 38(1): 75-85.

Gable S L, Nezlek J B, 1998. Level and instability of day-to-day psychological well-being and risk for depression. Journal of personality and social psychology, 74(1): 129-138.

Garber J, 2006. Depression in Children and Adolescents Linking Risk Research and Prevention. American journal of preventive medicine, 31(6): 104-125.

Gemar M C, Segal Z V, Sagrati S, et al. , 2001. Mood-induced changes on the Implicit Association Test in recovered depressed patients. Journal of abnormal psychology, 110(2): 282-289.

Gerlsma C, Emmelkamp P M, Arrindell W A, 1990. Anxiety, depression, and perception of early parenting: A meta-analysis. Clinical psychology review, 10(3): 251-277.

Gillham J E, Shatté A J, Freres D R, 2000. Preventing depression: A review of cognitive-behavioral and family interventions. Applied and preventive psychology, 9(2): 63-88.

Haeffel G J, Abramson L Y, Brazy P C, et al. , 2007. Explicit and implicit cognition: a preliminary test of a dual-process theory of cognitive vulnerability to depression. Behaviour research and therapy, 45(6): 1155-1167.

Hammen C, 1996. The social context of risk for depression. In CragK D, Dobson KS (Eds.), Anxiety and depression in adults and child. Beverly Hills. CA: Sage: 8-96.

Hammen C, 1998. The emergence of an interpersonal approach to depression. InJoiner T, Coyne J C, (Eds.), The Interpersonal Nature of Depression. US: American Psychological Associa: 21-35.

Hankin B L, Abramson L Y, MoffittTE, et al. , 1998. Development of depression from preadolescence to young adulthood: emerging gender differences in a 10year longitudinal study. Journal of abnormal psychology, 107(1): 128-140.

Hansen T, 2012. Parenthood and happiness: a review of folk theories versus empirical evidence. Social indicators research, 108(1): 29-64.

Hayes A M, Harris M S, Carver C S, 2004. Predictors of self-esteem variability. Cognitive therapy and research, 28(3): 369-385.

Hazan C, Shaver P, 1987. Romantic love conceptualized as an attachment process. Journal of personality and social psychology, 52(3): 511-524.

Hewitt P L, Dyck D G, 1986. Perfectionism, stress, and vulnerability to depression. Cognitive therapy and research, 10(1): 137-142.

Hewitt P L, Flett G L, 1993. Dimensions of perfectionism, daily stress, and depression: a test of the specific vulnerability hypothesis. Journal of abnormal psychology, 102(1): 58-65.

Hewitt P L, Flett G L, Blankstein K R, 1991. Perfectionism and neuroticism in psychiatric patients and college students. Personality and individual differences, 12(3): 273-279.

Horowitz J L, Judy G, 2006. The prevention of depressive symptoms in children and adolescents: a meta-analytic review. Journal of consulting and clinical psychology, 74(3): 401-415.

Houston R J, Bauer L O, Hesselbrock V M, 2003. Depression and familial risk for substance dependence: a P300 study of young women. Psychiatry research: Neuroimaging, 124(1): 49-62.

Hurley D B, Kwon P, 2012. Results of a study to increase savoring the moment: differential impact on positive and negative outcomes. Journal of happiness studies, 13(4), 579-588.

Ingram R E, Ritter J, 2000. Vulnerability to depression: cognitive reactivity and parental bonding in high-risk individuals. Journal of abnormal psychology, 109(4): 588-596.

Insel T R, Nakamura R K, 2002. Breaking ground, breaking through: the strategic plan for mood disorders research of the National Institute of Mental Health. National institute of mental health.

Jaycox L H, Reivich K J, Gillham J, et al. , 1994. Prevention of depressive symptoms in school children. Behaviour research and therapy, 32(8): 801-816.

Johnson J T, Robinson M D, Mitchell E B, 2004. Inferences about the authentic self: when do actions say more than mental states? Journal of personality and social psychology, 87(5): 615-630.

Jose P E, Lim B T, Bryant F, 2012. Does savoring increase happiness? A daily diary study. The journal of positive psychology, 7(3): 176-187.

Kashdan T B, Steger M F, 2007. Curiosity and pathways to well-being and meaning in life: traits, states, and everyday behaviors. Motivation and emotion, 31(3): 159-173.

Kernis M H, Grannemann B D, Mathis L C, 1991. Stability of self-esteem as a moderator of the relation between level of self-esteem and depression. Journal of personality and social psychology, 61(1):80-84.

Kesebir P, 2014. A quiet ego quiets death anxiety: humility as an existential anxiety buffer. Journal of Personality and social psychology, 106(4): 610-623.

Kim S Y, Ge X, 2000. Parenting practices and adolescent depressive symptoms in Chinese American families. Journal of family psychology, 14(3): 420-435.

King L A, Hicks J A, Krull J L, et al. , 2006. Positive affect and the experience of meaning in life. Journal of personality and social psychology, 90(1): 179-196.

Kirsch G A, Kuiper N A, 2002. Individualism and relatedness themes in the context of depression, gender, and a self-schema model of emotion. Canadian psychology, 43(2): 76-90.

Klein D N, 1989. The depressive experiences questionnaire: A further evaluation. Journal of personality assessment, 53(4): 703-715.

Klein D N, Kotov R, Bufferd S J, 2011. Personality and depression: explanatory models and review of the evidence. Annual review of clinical psychology, 7(1):269-295.

Kokkoris M D, Kühnen U, 2014. “Express the real you”: Cultural differences in the perception of Self-Expression as authenticity. Journal of cross-cultural psychology, 45(8): 1221-1228.

Kushlev K, Dunn E W, Ashton-James C E, 2012. Does affluence impoverish the experience of parenting?Journal of experimental social psychology, 48(6):1381-1384.

Kuwabara H, Sakado K, Sakado M, et al. , 2004. The Japanese version of the Depressive Experiences Questionnaire: Its reliability and validity for lifetime depression in a working population. Comprehensive psychiatry, 45(4): 311-315.

Landau M J, Vess M, Arndt J, et al. , 2011. Embodied metaphor and the “true” self: Priming entity expansion and protection influences intrinsic self-expressions in self-perceptions and interpersonal behavior. Journal of experimental social psychology, 47(1): 79-87.

Lavigne K M , Hofman S, Ring A J, et al. , 2013. The personality of meaning in life: associations between dimensions of life meaning and the big five. The journal of positive psychology, 8(1): 34-43.

Lazarus R S, Folkman S, 1984. Stress, appraisal, and coping. New York: Springer.

Lenton A P, Bruder M, Slabu L, et al. , 2013. How does “being real” feel? The experience of state authenticity. Journal of personality, 81(3): 276-289.

Liu Y L, 2003. Parent-child interaction and children' s depression: the relationships between Parent-Child interaction and children' s depressive symptoms in Taiwan. Journal of adolescence, 26(4): 447-457.

Marks G N, Fleming N, 1999. Influences and consequences of well-being among australian young people: 1980—1995. Social indicators research, 46(3): 301-323.

Matthew B, Monica B, Landau M J, 2015. Remembering the real me: nostalgia offers a window to the intrinsic self. Journal of personality and social psychology, 108(1): 128-147.

Mcbride C, Bacchiochi J R, Bagby R M, 2005. Gender differences in the manifestation of sociotropy and autonomy personality traits. Personality and individual differences, 38(1): 129-136.

Mccullough M E, Emmons R A, Jo-Ann T, 2002. The grateful disposition: a conceptual and empirical topography. Journal of personality and social psychology, 82(1): 112-127.

McFarland C, Buehler R, 1998. The impact of negative affect on autobiographical memory: The role of self-focused attention to moods. Journal of personality and social psychology, 75(6): 1424-1440.

McFarland C, Buehler R, Von Rüti R, et al. , 2007. The impact of negative moods on self-enhancing cognitions: The role of reflective versus ruminative mood orientations. Journal of personality and social psychology, 93(5): 728-750.

Mongrain M, Leather F, 2006. Immature dependence and self - criticism predict the recurrence of major depression. Journal of clinical psychology, 62(6): 705-713.

Mongrain M, Vettese L C, Shuster B, et al. , 1998. Perceptual biases, affect, and behavior in the relationships of dependents and self-critics. Journal of personality and social psychology, 75(1): 230-241.

Moser K S, 2007. Metaphors as symbolic environment of the self: how self-knowledge is expressed verbally. Current research in social psychology, 12(11): 151-178.

Murphy B, Bates G W, 1997. Adult attachment style and vulnerability to depression. Personality and individual differences, 22(6): 835-844.

Nolen-Hoeksema S, Wisco B E, Lyubomirsky S, 2008. Rethinking Rumination. Perspectives on psychological science, 3(5): 400-424.

Novins D K, Sack W, 1994. Reducing Risks for Mental Disorders: frontiers for Preventive Intervention Research. Journal of the American academy of child and adolescent psychiatry, 34(34): 391-392.

Parker G B, Crawford J, 2007. A spectrum model for depressive conditions: extrapolation of the atypical depression prototype. Journal of affective disorders, 103(1-3): 155-163.

Parker G, Malhi G, Mitchell P, et al. , 2005. Progressing a spectrum model for defining non - melancholic depression. Acta psychiatrica scandinavica, 111(2): 139-143.

Parker G, Manicavasagar V, Crawford J O, et al. , 2006. Assessing personality traits associated with depression: the utility of a tiered model. Psychological medicine, 36(8): 1131-1139.

Parker G, Roy K, Mitchell P, et al. , 2002. Atypical depression: a reappraisal. American journal of psychiatry, 159(9): 1470-1479.

Petrie K, Brook R, 1992. Sense of coherence, self - esteem, depression and hopelessness as correlates of reattempting suicide. British journal of clinical psychology, 31(3): 293-300.

Picton T W, 1992. The P300 wave of the human event-related potential. Journal of clinical neurophysiology, 9(4): 456-479.

Piff P K, Dietze P, Feinberg M, et al. , 2015. Awe, the small self, and prosocial behavior. Journal of personality and social psychology,

108 (6)：883-899.

Priel B，Shahar G，2000. Dependency，self-criticism，social context and distress: comparing moderating and mediating models. Personality and individual differences，28 (3)：515-525.

Reivich K，1996. The prevention of depressive symptoms in adolescents. [MS. Thesis]. Philadelphia，PA：University of Pennsylvania.

Roberts J E，Gotlib I H，1997. Temporal variability in global self-esteem and specific self-evaluation as prospective predictors of emotional distress: Specificity in predictors and outcome. Journal of abnormal psychology，106 (4)：521-529.

Robins C J，Ladd J，Welkowitz J，et al. ，1994. The Personal Style Inventory: preliminary validation studies of new measures of sociotropy and autonomy. Journal of psychopathology and behavioral Assessment，16 (4)：277-300.

Rood L，Roelofs J B，Gels S M，et al. ，2009. The influence of emotion-focused rumination and distraction on depressive symptoms in non-clinical youth: a meta-analytic review. Clinical psychology review，29 (7)：607-616.

Rude S S，Burnham B L，1995. Connectedness and neediness: Factors of the DEQ and SAS dependency scales. Cognitive therapy and research，19 (3)：323-340.

Scher C D，Ingram R E，Segal Z V，2005. Cognitive reactivity and vulnerability: empirical evaluation of construct activation and cognitive diatheses in unipolar depression. Clinical psychology review，25 (4)：487-510.

Schimel J A J B，2004. Not all self-affirmations were created equal: the cognitive and social benefits of affirming the intrinsic (vs. extrinsic) self. Social cognition，22 (1)：75-99.

Schlegel R J，Hicks J A，Jamie A，et al. ，2009. Thine own self: true self-concept accessibility and meaning in life. Journal of personality and social psychology，96 (2)：473-490.

Schlegel R J，Hicks J A，King L A，et al. ，2011. Feeling like you know who you are: perceived true self-knowledge and meaning in life. Personality and socialpsychological bulletin，37 (6)：745-756.

Schnell T，Becker P，2006. Personality and meaning in life. Personality and individual differences，41 (1)：117-129.

Seligman M E，Schulman P，DeRubeis R J，et al. ，1999. The prevention of depression and anxiety. Prevention andtreatment，2 (1)：227-301.

Shatte A J，1997. Prevention of depressive symptoms in adolescents: Issues of dissemination and mechanisms of change [Ph. D. Thesis]. Philadelphia，PA：University of Pennsylvania.

Sheldon K M，2004. Optimal human being: An integrated multilevel perspective. Mahwah，NJ: Erlbaum.

Shochet I M，Dadds M R，Holland D，et al. ，2001. The efficacy of a universal school-based program to prevent adolescent depression. Journal of clinical child psychology，30 (3)：303-315.

Steger M F，Frazier P，Oishi S，et al. ，2006. The meaning in life questionnaire: assessing the presence of and search for meaning in life. Journal of counseling psychology，53 (1)：80-93.

Steger M F，Kashdan T B，Sullivan B A，et al. ，2008a. Understanding the search for meaning in life: personality，cognitive style，and the dynamic between seeking and experiencing meaning. Journal of personality，76 (2)：199-228.

Steger M F，Kawabata Y，Shimai S，et al. ，2008b. The meaningful life in japan and the united states: levels and correlates of meaning in life. Journal of Research in Personality，42 (3)：660-678.

Stern R，2005. Treating and preventing adolescent mental health disorders: what we know and what we don' t know，a research agenda for improving the mental health of our youth. American journal of psychiatry，164 (1)：177-178.

Steunenberg B，Beekman A T，Deeg D J，et al. ，2006. Personality and the onset of depression in late life. Journal of affective disorders，92 (2-3)：243-251.

Strauman T J, Kolden G G, 1997. The self in depression: research trends and clinical implications. In Session: Psychotherapy in practice, 3(3): 5-21.

Tennen H, Herzberger S, 1987. Depression, self-esteem, and the absence of self-protective attributional biases. Journal of personality and social psychology, 52(1): 72-80.

Thompson R, Zuroff D C, 2004. The levels of self-criticism scale: comparative self-criticism and internalized self-criticism. Personality and individual differences, 36(2): 419-430.

Timbremont B, Braet C, 2004. Cognitive vulnerability in remitted depressed children and adolescents. Behaviour research and therapy, 42(4): 423-437.

Tomarken A J, Davidson R J, Henriques J B, 1990. Resting frontal brain asymmetry predicts affective responses to films. Journal of personality and social psychology, 59(4): 791-801.

Tomarken A J, Davidson R J, Wheeler R E, et al. , 1992. Individual differences in anterior brain asymmetry and fundamental dimensions of emotion. Journal of personality and social psychology, 62(4): 676-687.

Tomarken A J, Dichter G S, Garber J, et al. , 2004. Resting frontal brain activity: linkages to maternal depression and socio-economic status among adolescents. Biological psychology, 67(1-2): 77-102.

Vess M, Schlegel R J, Hicks J A, et al. , 2014. Guilty, but not ashamed: "true" self-conceptions influence affective responses to personal shortcomings. Journal of personality, 82(3): 213-224.

Watson D, Clark L A, 1984. Negative affectivity: the disposition to experience aversive emotional states. Psychological bulletin, 96(3): 465-490.

Wenzlaff R M, Bates D E, 1998. Unmasking a cognitive vulnerability to depression: how lapses in mental control reveal depressive thinking. Journal of personality and social psychology, 75(6): 1559-1571.

Whiffen V E, Aube J A, Thompson J M, et al. , 2000. Attachment beliefs and interpersonal contexts associated with dependency and self-criticism. Journal of social and clinical psychology, 19(2):184-205.

Xia G, Quian M, 2001. The relationship of parenting style to self-reported mental health among two subcultures of Chinese. Journal of adolescence, 24(2): 251-260.

Yoshikawa H, Aber J L, Beardslee W R, 2012. The effects of poverty on the mental, emotional, and behavioral health of children and youth: implications for prevention. American psychologist, 40(1): 1-4.

Yu D L, Seligman M E P, 2002. Preventing depressive symptoms in Chinese children. Prevention andtreatment, 5(1):325-398.

Zhang Y, Hauser U, Conty C, et al. , 2007. Familial risk for depression and p3b component as a possible neurocognitive vulnerability marker. Neuropsychobiology, 55(1): 14-20.

Zuroff D C, 1994. Depressive personality styles and the five-factor model of personality. Journal of personality assessment, 63(3): 453-472.

Zuroff D C, Blatt S J, Sanislow C A, et al. , 1999. Vulnerability to depression: reexamining state dependence and relative stability. Journal of abnormal psychology, 108(1): 76-89.

Zuroff D C, Fitzpatrick D A, 1995. Depressive personality styles: Implications for adult attachment. Personality and individual differences, 18(2): 253-265.

Zuroff D C, Igreja I, Mongrain M, 1990. Dysfunctional attitudes, dependency, and self-criticism as predictors of depressive mood states: a 12-month longitudinal study. Cognitive therapy and research, 14(3): 315-326.

Zuroff D C, Mongrain M, 1987. Dependency and self-criticism: vulnerability factors for depressive affective states. Journal of abnormal psychology，96(1)：14-22.

Zuroff D C，Mongrain M，Santor D A，2004a. Conceptualizing and measuring personality vulnerability to depression：comment on Coyne and Whiffen(1995). Psychological bulletin，130(3)：496.

Zuroff D C，Mongrain M，Santor D A，2004b. Conceptualizing and measuring personality vulnerability to depression: comment on Coyne and Whiffen (1995). Psychological bulletin. 130(3)：489-511.

附　　录

附录 1：抑郁易感人格问卷

亲爱的同学，您好！

我们是心理学院的科研人员，现在想邀请您参加一项关于性格的研究，希望得到您的支持！这里是一份调查问卷，答案没有好坏之分。请根据您一贯的性格与内心体验，按照题项与您实际情况的符合程度进行选择，并在适当的数字上打勾。其中，1. 非常不符合，2. 比较不符合，3. 不确定，4. 比较符合，5. 非常符合。请仔细阅读每一个题项，不要有遗漏，否则整个问卷将成为废卷。您的回答对于我们的研究至关重要，希望您能据实认真作答。非常感谢您的合作！

对您的回答我们将仅做研究之用，并负责保密，您无需有任何顾虑。

序号	题项	非常不符合	比较不符合	不确定	比较符合	非常符合
1	我在各个方面都对自己严格要求	1	2	3	4	5
2	我的自尊心很容易受到伤害	1	2	3	4	5
3	我希望所有人都按照我的想法来做	1	2	3	4	5
4	我习惯了独自思考问题，不愿与人交流	1	2	3	4	5
5	在人际交往中，我习惯了逆来顺受	1	2	3	4	5
6	哪怕是做很不起眼的小事，我也不允许它出一点差错	1	2	3	4	5
7	我觉得周围没有多少人比我更需要关心	1	2	3	4	5
8	我比其他人更有责任心	1	2	3	4	5
9	在人际交往中，我不知道如何与人拉近距离	1	2	3	4	5
10	在与别人发生矛盾之后，我会非常后悔和自责	1	2	3	4	5
11	我对自己所处的生活环境总是不满意	1	2	3	4	5
12	我随时注意自己的一言一行，以免给他人留下不好的印象	1	2	3	4	5
13	对于自己在意的东西，我担心一旦拥有它，又会失去它	1	2	3	4	5
14	我常担心自己会被别人瞧不起	1	2	3	4	5
15	我不喜欢与他人合作	1	2	3	4	5
16	我不会主动向别人要求我想要的东西	1	2	3	4	5
17	我不愿意在别人面前承认自己的不足	1	2	3	4	5

续表

序号	题项	非常不符合	比较不符合	不确定	比较符合	非常符合
18	无论谁指出我的缺点，都会使我内心久久不能平静	1	2	3	4	5
19	我比别人更重视对自己私人空间的保护	1	2	3	4	5
20	我很难听进别人的意见	1	2	3	4	5
21	任何一次失败都会让我感觉很丢脸	1	2	3	4	5
22	当我想要倾诉的时候，却总是找不到合适的对象	1	2	3	4	5
23	越是我亲近的人，常常越让我失望	1	2	3	4	5
24	我习惯把自己脆弱的一面掩藏起来	1	2	3	4	5
25	我在做事情的过程中常常迟疑停滞	1	2	3	4	5
26	我对别人的不满，最后常常转变成对自己的责备	1	2	3	4	5
27	我常常沉浸在自己的内心世界中，而忽略了外界的事情	1	2	3	4	5
28	若非万不得已，我不会主动向他人寻求帮助	1	2	3	4	5
29	我做事情讲究面面俱到	1	2	3	4	5
30	我有时认为自己比别人强，有时又觉得自己很没用	1	2	3	4	5
31	不论面对多大的压力和困难，我也不会向人诉苦	1	2	3	4	5
32	我总是不自觉地要和别人做个比较	1	2	3	4	5
33	我觉得别人的运气总是比我好	1	2	3	4	5
34	我常常与友人进行推心置腹的交流	1	2	3	4	5
35	对于别人的要求我总是难以拒绝	1	2	3	4	5
36	即使内心非常高兴，我也不会开怀大笑	1	2	3	4	5
37	做事前，我会更多地考虑如果失败的话会出现什么后果	1	2	3	4	5
38	我内心常常充满了矛盾的想法	1	2	3	4	5
39	我做事情会比其他人更加认真仔细	1	2	3	4	5
40	若家里发生不愉快的事情，我尽量避免让外人知道	1	2	3	4	5
41	我觉得我总是得不到自己应得的东西	1	2	3	4	5
42	如果不能做到最好，我就干脆不再做了	1	2	3	4	5
43	即使内心不愿意，我也总是顺从其他人的意见和安排	1	2	3	4	5
44	我尽量回避各种社交活动	1	2	3	4	5
45	我不允许自己做任何违反道德规范的事情	1	2	3	4	5
46	我常常纠缠于自己不好的一方面	1	2	3	4	5
47	我对其他人的事都不太在意	1	2	3	4	5
48	当与别人发生利益冲突时，妥协的总是我	1	2	3	4	5
49	一旦发生不好的事情，我会长久反复地思考其前因后果	1	2	3	4	5

附录 2：青少年生活事件量表

本量表由 27 个题项组成，每个题项都简单地陈述了一个生活事件，请仔细阅读每个题项，并思考在过去一个月内，您或您的家庭是否发生过下列事件？如果该事件未发生，仅在 0 上打个勾即可；如果该事件发生过，请继续考虑该事件给您造成的苦恼程度，并在相对应的数字上打勾。

序号	题项	未发生	对你影响的程度				
			没有	轻度	中度	重度	极重
1	被人误会或错怪	0	1	2	3	4	5
2	受人歧视冷遇	0	1	2	3	4	5
3	考试失败或成绩不理想	0	1	2	3	4	5
4	与同学或好友发生纠纷	0	1	2	3	4	5
5	生活规律(饮食、休息)等明显变化	0	1	2	3	4	5
6	不喜欢上学	0	1	2	3	4	5
7	恋爱不顺利或失恋	0	1	2	3	4	5
8	长期远离家人不能团聚	0	1	2	3	4	5
9	学习负担重	0	1	2	3	4	5
10	与老师关系紧张	0	1	2	3	4	5
11	本人患急重病	0	1	2	3	4	5
12	亲友患急重病	0	1	2	3	4	5
13	亲友死亡	0	1	2	3	4	5
14	被盗或丢失东西	0	1	2	3	4	5
15	当众丢面子	0	1	2	3	4	5
16	家庭经济困难	0	1	2	3	4	5
17	家庭内部有矛盾	0	1	2	3	4	5
18	预期的评选(如三好学生)落空	0	1	2	3	4	5
19	受批评或处分	0	1	2	3	4	5
20	转学或休学	0	1	2	3	4	5
21	被罚款	0	1	2	3	4	5
22	升学压力	0	1	2	3	4	5
23	与人打架	0	1	2	3	4	5
24	遭父母打骂	0	1	2	3	4	5
25	家庭给你施加学习压力	0	1	2	3	4	5
26	意外惊吓、事故	0	1	2	3	4	5
27	其他的挫折事件	0	1	2	3	4	5

附录3：青少年自我价值感及其稳定性的测量

说明：请同学们在连续的8天内，每天就当日当时对自己的评价，考虑以下题项与自身实际情况的符合程度，并打分。其中，符合程度从1分到10分，符合程度越高，打分越高。

注意：请务必对照日期，按顺序每日打分，切勿在一日之内多填；尽量做到不要有遗漏。

个人基本情况

学校：　　　　　　　　　　　　学号：

第一天。时间：

1	我是一个有出息的人	1	2	3	4	5	6	7	8	9	10
2	总的来说，我对自己感到满意	1	2	3	4	5	6	7	8	9	10
3	我觉得自己一无是处	1	2	3	4	5	6	7	8	9	10
4	我相信天生我才必有用	1	2	3	4	5	6	7	8	9	10
5	我是一个有用的人	1	2	3	4	5	6	7	8	9	10
6	我讨厌我自己	1	2	3	4	5	6	7	8	9	10

第二天。时间：

1	我是一个有出息的人	1	2	3	4	5	6	7	8	9	10
2	总的来说，我对自己感到满意	1	2	3	4	5	6	7	8	9	10
3	我觉得自己一无是处	1	2	3	4	5	6	7	8	9	10
4	我相信天生我才必有用	1	2	3	4	5	6	7	8	9	10
5	我是一个有用的人	1	2	3	4	5	6	7	8	9	10
6	我讨厌我自己	1	2	3	4	5	6	7	8	9	10

第三天。时间：

1	我是一个有出息的人	1	2	3	4	5	6	7	8	9	10
2	总的来说，我对自己感到满意	1	2	3	4	5	6	7	8	9	10
3	我觉得自己一无是处	1	2	3	4	5	6	7	8	9	10
4	我相信天生我才必有用	1	2	3	4	5	6	7	8	9	10
5	我是一个有用的人	1	2	3	4	5	6	7	8	9	10
6	我讨厌我自己	1	2	3	4	5	6	7	8	9	10

第四天。时间：

1	我是一个有出息的人	1	2	3	4	5	6	7	8	9	10
2	总的来说，我对自己感到满意	1	2	3	4	5	6	7	8	9	10
3	我觉得自己一无是处	1	2	3	4	5	6	7	8	9	10
4	我相信天生我才必有用	1	2	3	4	5	6	7	8	9	10
5	我是一个有用的人	1	2	3	4	5	6	7	8	9	10
6	我讨厌我自己	1	2	3	4	5	6	7	8	9	10

第五天。时间：

1	我是一个有出息的人	1	2	3	4	5	6	7	8	9	10
2	总的来说，我对自己感到满意	1	2	3	4	5	6	7	8	9	10
3	我觉得自己一无是处	1	2	3	4	5	6	7	8	9	10
4	我相信天生我才必有用	1	2	3	4	5	6	7	8	9	10
5	我是一个有用的人	1	2	3	4	5	6	7	8	9	10
6	我讨厌我自己	1	2	3	4	5	6	7	8	9	10

第六天。时间：

1	我是一个有出息的人	1	2	3	4	5	6	7	8	9	10
2	总的来说，我对自己感到满意	1	2	3	4	5	6	7	8	9	10
3	我觉得自己一无是处	1	2	3	4	5	6	7	8	9	10
4	我相信天生我才必有用	1	2	3	4	5	6	7	8	9	10
5	我是一个有用的人	1	2	3	4	5	6	7	8	9	10
6	我讨厌我自己	1	2	3	4	5	6	7	8	9	10

第七天。时间：

1	我是一个有出息的人	1	2	3	4	5	6	7	8	9	10
2	总的来说，我对自己感到满意	1	2	3	4	5	6	7	8	9	10
3	我觉得自己一无是处	1	2	3	4	5	6	7	8	9	10
4	我相信天生我才必有用	1	2	3	4	5	6	7	8	9	10
5	我是一个有用的人	1	2	3	4	5	6	7	8	9	10
6	我讨厌我自己	1	2	3	4	5	6	7	8	9	10

第八天。时间：

1	我是一个有出息的人	1	2	3	4	5	6	7	8	9	10
2	总的来说，我对自己感到满意	1	2	3	4	5	6	7	8	9	10
3	我觉得自己一无是处	1	2	3	4	5	6	7	8	9	10
4	我相信天生我才必有用	1	2	3	4	5	6	7	8	9	10
5	我是一个有用的人	1	2	3	4	5	6	7	8	9	10
6	我讨厌我自己	1	2	3	4	5	6	7	8	9	10

附录 4：流调中心用抑郁量表

下面有 20 个题项，请仔细阅读每一项，把意思弄明白，然后根据您最近一周的实际感受，在适当的数字上打勾。每一项后有 4 个数字，1 表示偶尔或者无(少于 1 天)，2 表示有时(1～2 天)，3 表示时常或一半时间(3～4 天)，4 表示多数时间或持续(5～7 天)。

1	一些通常并不困扰我的事情使我心烦	1	2	3	4
2	我不想吃东西，我胃口不好	1	2	3	4
3	我觉得即使有爱人或朋友帮助也无法摆脱心中的苦闷	1	2	3	4
4	我感觉同别人一样好	1	2	3	4
5	我很难集中精力做事	1	2	3	4
6	我感到压抑	1	2	3	4
7	我感到做什么事都很费力	1	2	3	4
8	我觉得未来有希望	1	2	3	4
9	我认为我的生活一无是处	1	2	3	4
10	我感到害怕	1	2	3	4
11	我的睡眠情况不好	1	2	3	4
12	我感到高兴	1	2	3	4
13	我比平时话少了	1	2	3	4
14	我感到孤单	1	2	3	4
15	我觉得人们对我不太友好	1	2	3	4
16	我觉得生活得很有意思	1	2	3	4
17	我曾经哭泣	1	2	3	4
18	我感到忧愁	1	2	3	4
19	我觉得人们不喜欢我	1	2	3	4
20	我走路很慢	1	2	3	4

附录 5：领悟社会支持量表

以下 12 个题项，每项后面各有 7 个答案。请你根据自己的实际情况在每项后面选择一个答案，并打勾。例如，选择 1 表示您极不符合，即说明您的实际情况与这一项极不相符；选择 7 表示您极符合，即说明你的实际情况与这一项极相符；选择 4 表示中间状态。

序号	题项	极不符合	很不符合	稍不符合	中立	稍符合	很符合	极符合
1	当我遇到问题时，会有一些人(老师、家人、同学)出现在我的身旁	1	2	3	4	5	6	7
2	能够与一些人(老师、家人、同学)分享我的快乐与忧伤	1	2	3	4	5	6	7
3	我的家庭能够切实具体地给我帮助	1	2	3	4	5	6	7
4	在需要时，我能够从家庭获得情感上的帮助和支持	1	2	3	4	5	6	7
5	当我有困难时，某些人(老师、家人、同学)是我内心得以安慰的源泉	1	2	3	4	5	6	7
6	我的朋友们能真正地帮助我	1	2	3	4	5	6	7
7	在发生困难时，我可以依靠我的朋友们	1	2	3	4	5	6	7
8	我可以与家人谈论我遇到的难题	1	2	3	4	5	6	7
9	我的朋友们能与我分享他们的快乐与忧伤	1	2	3	4	5	6	7
10	在我的生活中，有一些人(老师、家人、同学)关心着我的情绪和感受	1	2	3	4	5	6	7
11	我的家人非常愿意协助我做出各种决定	1	2	3	4	5	6	7
12	我可以与朋友们讨论自己遇到的难题	1	2	3	4	5	6	7

附录6：父母与青少年关系问卷

下面的题项将涉及到你对你的母亲的一些感受。请仔细阅读每一项，并在适当的数字上打勾，表明这句话对现在的你而言的正确程度。其中，1. 从来没有，2. 很少时间；3. 有时候，4. 经常，5. 几乎总是。感谢你真诚的合作!(注：测量与父亲关系时更换主语为“爸爸”)

序号	题项	从来没有	很少时间	有时候	经常	几乎总是
1	我妈妈尊重我的感受	1	2	3	4	5
2	我觉得我妈妈是一个好妈妈	1	2	3	4	5
3	我希望有一个和现在不一样的妈妈	1	2	3	4	5
4	妈妈接受现在的我	1	2	3	4	5
5	就我关心的事情，我想知道妈妈的看法	1	2	3	4	5
6	我觉得在妈妈面前表露我的感受没有用	1	2	3	4	5
7	当我为一些事情不安的时候，妈妈能觉察到	1	2	3	4	5
8	和妈妈谈论我的问题使我感到害羞或愚蠢	1	2	3	4	5
9	妈妈对我期望太多	1	2	3	4	5
10	我在妈妈旁边容易感到不安	1	2	3	4	5
11	我感受的烦恼比我妈妈所知道的要多得多	1	2	3	4	5
12	当我们讨论事情的时候，妈妈会在乎我的看法	1	2	3	4	5
13	妈妈相信我的判断	1	2	3	4	5
14	妈妈有自己的事，所以我不愿意拿自己的事情去打扰她	1	2	3	4	5
15	妈妈帮助我更好地了解自己	1	2	3	4	5
16	我告诉妈妈我的问题和烦恼	1	2	3	4	5
17	我生妈妈的气	1	2	3	4	5
18	我从妈妈那里得不到很多关注	1	2	3	4	5
19	妈妈帮我一起讨论我的困难	1	2	3	4	5
20	妈妈理解我	1	2	3	4	5
21	当我因为某些事生气的时候，妈妈尽量体谅我	1	2	3	4	5
22	我相信妈妈	1	2	3	4	5
23	妈妈不知道这些日子我正经受着什么	1	2	3	4	5
24	当我需要解除心头的烦闷的时候，我可以指望妈妈	1	2	3	4	5
25	如果妈妈知道我正在为一些事情烦心，她会向我了解有关情况	1	2	3	4	5

附录 7：基本心理需要满足与受挫量表

亲爱的同学，你好！

首先感谢你抽空填写这份问卷。本问卷采用无记名方式，请按照以下题项符合自己的程度打分。对你的作答信息我们会严格保密，问卷结果也仅做科学研究使用，不会对你有任何影响。谢谢合作！

序号	题项	非常不符合	比较不符合	不确定	比较符合	非常符合
1	对于我所做的事情，我有可以自己去自由选择的感觉	1	2	3	4	5
2	我觉得我所做的事情大多都是出于不得已才去做的	1	2	3	4	5
3	我觉得我在乎的人也在乎着我	1	2	3	4	5
4	我觉得被我想要融入的群体排挤	1	2	3	4	5
5	我有信心自己能把事情做好	1	2	3	4	5
6	我怀疑自己是否真的能把事情做好	1	2	3	4	5
7	我感觉我的决定反映了我真正想要的	1	2	3	4	5
8	我觉得我要被迫做很多我自己不会选择去做的事情	1	2	3	4	5
9	对在乎我和我在乎的人，我觉得我和他们的心是连着的	1	2	3	4	5
10	对我来说重要的人，我却感到他们对我冷漠，让我有距离感	1	2	3	4	5
11	我觉得自己做事能力挺强的	1	2	3	4	5
12	我对自己的许多表现感到失望	1	2	3	4	5
13	我感觉我所做的选择表达了我真实的自己	1	2	3	4	5
14	我做了太多感觉有压力才去做的事	1	2	3	4	5
15	那些对我来说重要的人，我觉得和他们有一种亲近感	1	2	3	4	5
16	我感觉和我经常相处在一起的人讨厌我	1	2	3	4	5
17	我觉得我有能力去达成自己的目标	1	2	3	4	5
18	我对自己的能力缺乏信心没有安全感	1	2	3	4	5
19	我感觉我一直在做自己真正感兴趣的事情	1	2	3	4	5
20	我觉得我的日常活动像一串我不得不去完成的任务	1	2	3	4	5
21	我和经常相处的人在一起时，能感受到温暖的感觉	1	2	3	4	5
22	我感觉自己和别人的交往都只是很表面的	1	2	3	4	5
23	我感到我能成功完成有难度的任务	1	2	3	4	5
24	我犯下的一些错误让我觉得自己挺失败的	1	2	3	4	5

附录8：品味信念量表

亲爱的同学，您好！

现邀请您参加一项关于个性的研究，希望得到您的支持！这里是一份调查问卷，答案没有好坏之分。请根据您一贯的体验与行为，对题项与您实际情况的符合程度进行选择，并在适当的数字上打勾。其中，1. 非常不符合，2. 较为不符合，3. 有点不符合，4. 不确定，5. 有点符合，6. 较为符合，7. 非常符合。您的回答对于我们的研究至关重要，我们收集之后将仅做研究之用，并负责保密，您无须有任何顾虑。回答时请注意：①逐项回答，不要有遗漏；②尽量避免填答“不确定”；③认真作答，但不必反复思考。非常感谢您的合作！

一、您的基本情况。

性别：　　年级：　　学校：　　学号：

二、下面是一些题项，请根据您的实际情况在相应选项上打勾。

序号	题项	非常不符合	较为不符合	有点不符合	不确定	有点符合	较为符合	非常符合
1	在美好的事物发生前，我会有所期待，这能使我高兴起来	1	2	3	4	5	6	7
2	维持已有的好心情，对我来说很困难	1	2	3	4	5	6	7
3	我很喜欢回顾过去的美好时光	1	2	3	4	5	6	7
4	美好时刻来临之前，我不会有很多期待和憧憬	1	2	3	4	5	6	7
5	我知道如何充分享受一段快乐的时光	1	2	3	4	5	6	7
6	美好的事情发生后，我并不会有太多的回味	1	2	3	4	5	6	7
7	憧憬美好的事物，会让我感到快乐	1	2	3	4	5	6	7
8	阻碍我去享受一段快乐时光的最大敌人就是我自己	1	2	3	4	5	6	7
9	通过回忆过去的各种美好可以让我快乐起来	1	2	3	4	5	6	7
10	对于我来说，期待即将发生的美好事物，是在浪费时间	1	2	3	4	5	6	7
11	当美好的事情发生时，我会使用一些方法让愉悦的感觉持续更久	1	2	3	4	5	6	7
12	当回想起一些美好的记忆时，我常常感到伤心和失望	1	2	3	4	5	6	7
13	在美好的事情发生前，我可以在脑海中享受它可能带来的欢愉	1	2	3	4	5	6	7
14	我似乎并不能抓住美好时刻的快乐	1	2	3	4	5	6	7
15	我会储存快乐的记忆，好让我之后回想起来	1	2	3	4	5	6	7
16	在美好的事物发生前，我很难因为它兴奋起来	1	2	3	4	5	6	7
17	我觉得我可以充分享受发生在我身上的美好事物	1	2	3	4	5	6	7
18	我觉得去回想过去的一些美好时刻，这从根本上来说就是浪费时间	1	2	3	4	5	6	7

续表

序号	题项	非常不符合	较为不符合	有点不符合	不确定	有点符合	较为符合	非常符合
19	通过想象将要发生的美好事物的样子可以使自己感到快乐	1	2	3	4	5	6	7
20	我无法全情享受美好的事物	1	2	3	4	5	6	7
21	通过回忆过去的愉悦记忆，我很容易再次获得快乐	1	2	3	4	5	6	7
22	在一个愉悦事件发生之前，想起它会让我感到不安	1	2	3	4	5	6	7
23	全情投入去享受快乐时光对于我来说很容易	1	2	3	4	5	6	7
24	对于我来说，一段快乐的时光一旦过去，不去想它是最好的	1	2	3	4	5	6	7

附录 9：内在自我表达问卷

邀请您参加一项关于个人体验与感受的调查，希望得到您的支持！请根据您在日常生活中一贯的表现与感受，对题项与您实际情况的符合程度进行选择，并在适当的数字上打勾。其中，1. 非常不符合，2. 较为不符合，3. 有点不符合，4. 一般，5. 有点符合，6. 较为符合，7. 非常符合。您的回答对于我们的研究至关重要，我们收集之后将仅做研究之用，并负责保密，您无须有任何顾虑。回答时请注意：①逐题回答，不要有遗漏；②尽量避免填答“不确定”；③认真作答，但不必反复思考。非常感谢您的合作！

序号	题项	非常不符合	较为不符合	有点不符合	一般	有点符合	较为符合	非常符合
1	我能自由地决定自己如何生活	1	2	3	4	5	6	7
2	日常生活中，我不得不做很多别人认为该做的事	1	2	3	4	5	6	7
3	日常情况下，我都能很好地做真实的自己	1	2	3	4	5	6	7
4	我觉得无论我是成功还是失败，人们都一样尊重我	1	2	3	4	5	6	7
5	我觉得当我犯错误的时候，人们就没那么喜欢我	1	2	3	4	5	6	7
6	我的自我价值决定于别人怎么看我	1	2	3	4	5	6	7
7	很多时候，人前表现出的我并不是真实的我	1	2	3	4	5	6	7
8	总的说来，我很清楚我是怎样一个人	1	2	3	4	5	6	7
9	我常常疑惑自己到底是什么样的人	1	2	3	4	5	6	7
10	我觉得我已经不在乎或者说放弃了真实自我	1	2	3	4	5	6	7
11	我觉得我已经背叛了真实的自己	1	2	3	4	5	6	7
12	我渴望找回原来真实的自己，而不是像现在这样	1	2	3	4	5	6	7

附录 10：图示隐喻自我大小测量

这是一项关于个人自我印象的调查。请仔细阅读下面的描述，并在最能代表你的图片上打勾。题项的答案没有好坏之分，如实作答即可，不必过多思索！

1. 想象下面呈现的圆圈代表着你，请你选择一个最能代表你感觉到的自己的圆圈。

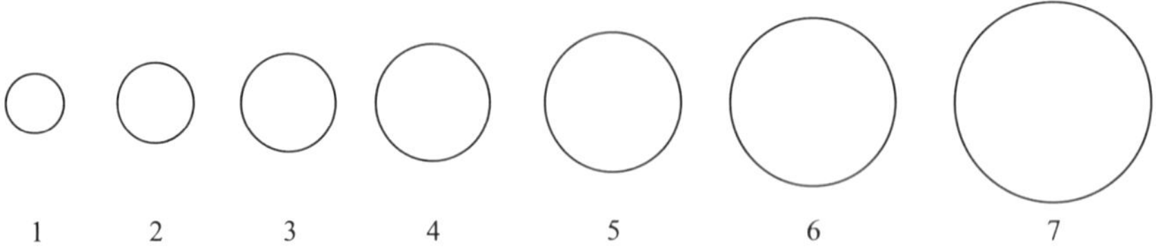

2. 下面的图片呈现着你的全身像，请在下面的图画中选择一张最能代表你自己的图片。

3. 下面的图片呈现着你的签名，请选择一个最符合你的签名。

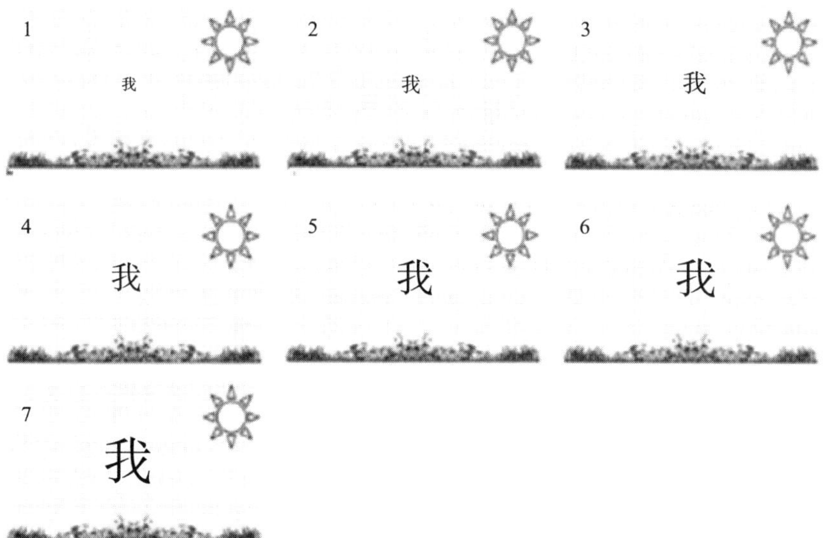
1
我
2
我
3
我
4
我
5
我
6
我
7
我

后　记

探究人格与心理健康问题，是我从事心理学专业学习与工作的初衷。对抑郁易感人格的关注则源于博士论文的研究。十多年来，我对相关问题的探究一直没有停止。

2006 年，本人开始跟从恩师黄希庭先生攻读博士学位，恰逢导师承担教育部哲学社会科学研究重大课题攻关项目“中国心理健康服务体系现状及对策研究”。黄老师倡导的“心理学要服务社会”的思想，对我影响深远——这种理念，在国家大力推进社会心理服务体系的今天更显现其前瞻性。由此，我开始研究中国文化背景下的抑郁易感人格。其中，在宁波市康宁医院四个月的调研实践是最为难忘的体验。与抑郁症患者们的近身接触，让我真切体会到这种病症本身以及社会大众对此的不理解给患者及其家人所带来的痛苦，同时也让我看到他们身上如常人般的诸多可爱之处。在对精神科医护人员的正式访谈及与他们的日常闲聊中，我收集到了重要的数据和素材，也多多少少感受到他们对于彻底治愈这一顽疾的悲观和以人格心理学途径加以阐释的怀疑。好在，我最终坚持完成了这项挑战性的工作，所得结果也获得各类型数据的支持。与此同时，我有两点深刻体会：一者，对抑郁症的预防比治疗更重要，也更有效果；这也是本书研究关注青少年抑郁易感人群而非抑郁症患者的意义之所在。二者，关于人格与抑郁症的关系存在误区：有人将抑郁症理解为患者自己“性格不好”的必然结果，也有人将之理解为与人格无关的、单纯的生理性病变。本书研究则结合相关理论和实证认为，抑郁易感人格并不是完全的病态人格，它在常人中以连续体的方式存在，并与特定环境交互作用引发抑郁。

幸福和心理疾病是心理健康连续体的两极。2009 年毕业工作后，我开始更关注人类积极体验的研究，并于 2013～2014 年在美国罗彻斯特大学访学，跟随自我决定理论创始人 Ryan 教授学习从人类动机的角度揭示幸福来源。目前，积极心理学研究者们在承认个体存在幸福水平调定点(Set-point)——受基因遗传决定的愉悦水平基线——的影响之外，强调个体可以通过主动创造和延长积极体验，提升自身幸福感。也因此，我尝试以新的视角来看待抑郁易感人格及其作用，获得了一些新的数据与结论。我认为，这部分结论有助于抑郁易感个体在理解幸福原理和洞察自身窠臼的前提下，更加主动地去获得幸福。毕竟，“进攻是最好的防御”！

目前我所得出的仍然只是一些粗浅的结论。但是，我非常高兴能将这些研究成果在这里以专著的形式加以汇总和呈现。敬请广大心理学和精神病学研究者、爱好者及广大读者批评与指教。我也将在未来坚持以人格心理学的整体视角探究心理健康的奥秘，以更多的专业努力服务社会。

本书的成稿与出版，得到许多师长和亲友的支持。首先要感谢恩师黄希庭教授在我读博期间的悉心指导，更感谢老师在我毕业工作多年后持续的批评、鼓励和支持！感谢湖州师范学院陈传锋教授、宁波市康宁医院胡珍玉院长、谢曙光主任等在我初期调研工作中的支持与关怀。感谢西南大学陈有国教授在脑电数据处理中的帮助。感谢 University of Ghent 的 Beiwen Chen（陈蓓雯）博士提供最新修订的权威测量工具。感谢科学出版社莫永国主任的建议与细致工作。感谢我的研究生周金辉、胡琰敏、安奕霖、李海、叶桐、钟霜在数据收集和材料整理中的辛苦工作。感谢父母与亲人的无私付出。

另外，本书的出版得到了四川师范大学学术专著出版资助，特此感谢。

徐华春谨记于

2020 年 6 月 31 日